에고에서 스승으로 혁명하는
깨달음을 향한 의식 탐구

에고에서 스승으로 혁명하는 깨달음을 향한 의식 탐구

초판 1쇄 인쇄일   2018년 10월 5일
초판 1쇄 발행일   2018년 10월 10일

지은이   이형석
펴낸이   최길주

펴낸곳   도서출판 BG북갤러리
등록일자   2003년 11월 5일(제318-2003-000130호)
주소   서울시 영등포구 국회대로72길 6, 405호(여의도동, 아크로폴리스)
전화   02)761-7005(代)
팩스   02)761-7995
홈페이지   http://www.bookgallery.co.kr
E-mail   cgjpower@hanmail.net

ⓒ 이형석, 2018

ISBN 978-89-6495-124-8 03100

이 도서의 국립중앙도서관 출판시도서목록(CIP)은 e-CIP홈페이지(http://www.nl.go.kr/ecip)
와 국가자료공동목록시스템(http://www.nl.go.kr/kolisnet)에서 이용하실 수 있습니다.
(CIP제어번호 : CIP2018029992)

에고에서 ———— ———— 스승으로

혁명하는 깨달음을 향한 의식 탐구

이형석 지음

BG 북갤러리

어머님은 선친을 아까다시*라고 부르셨다.
이 책을 동지 오정현에게 드립니다.

*아까다시 : 터키어 '친구야!'

*

어느 시인이 자조적인 말투로 이렇게 말했다.

"사람들이 시집은 라면냄비 받침이나 찌개냄비 받침으로 사용하기 딱 좋대요."

옆에 있던 다른 시인이 그 말이 땅에 떨어지기 전에 "그런 용도로 사용되어도 좋으니 시집이 좀 팔렸으면 좋겠네요."라고 받았다.

이 책은 컵라면 뚜껑 덮개로 사용하라고 쓰인 것이 아니다.

*

당신은 자신의 생존이 '옳다'라는 어떤 확신이라도 가지고 있는가? 의미 있는 무언가를 이루기 위해 당신의 생존이 꼭 필요한 것이라고 주장할 수 있는 어떤 근거라도 있는가?

아니면 당신의 육체가 소멸해 줌으로써 이 세상의 불안과 혼란이 조금 더 줄어들고 당신의 육신을 위해 소비되는 자원과 수많은 생명체를 구할 수 있는 이유가 훨씬 더 많지 않을까?

수만 가지 이유로 생존의 정당성을 강변하고, '영혼의 진화'를 떠벌리면서 이 지구상의 삶은 반드시 필요한 수행과정이라고 목청 높여 주장할지라도, 그것은 그저 당신이 육신의 소멸을 두려워하고, 자신의 삶에 대한 본능적이고 무의식적인 집착일 뿐이다. 당신이 소멸한다고 하여도 그 누구도 당신의 죽음을 실질적으로 고통스러워하지 않는다. 당신이 그랬던 것과 동일하게 잠깐의 시간이 흐르면 당신의 존재는 금방 잊히고, 살아있는 자들은 아무런 변화 없이 그저 생존을 계속해 나갈 뿐이다.

탄생과 마찬가지로 죽음은 당신 자신에게 국한된 것이고 당신만 중요하게 생각할 뿐 스쳐 지나가는 버스에 그려진 광고 그림처럼, 당신에 대한 관심은 이내 사라지고 만다. 물론 그들도 무의미하고 반복적인 삶을 살아가다가 자신들의 목적지가 어딘지 모르면서 당신과 똑같은 죽음을 맞이할 것이다.

'사철가' : 조상현
※ 참고 : 여기서 가객(歌客)의 소리를 찾아 들어보는 게 좋을 듯하다.

전체 인류 중에서 일상생활과 전혀 관계가 없는 명상이나 깨달음에 얄팍한 지적 호기심이라도 갖는 사람의 숫자는 아무리 후하게 봐줘도 1% 미만이다. 이 중에서 다시 1%가 이 내면의 여행에 발심(發心)을 할 것이다. 그중의 1%가 '영혼의 어두운 밤'을 통과할 것이고, 다시 1%가 '탐닉의 강'을 벗어나 대양으로 사라질 준비를 할 것이다. 미치려야 미칠 수도 없고, 죽으려야 죽을 수도 없는, 자살만이 유일한 탈출구인 치명적인 절망과 극한의 고(苦)에 직면한 구도자가 자발적으로 끝도 알 수 없는 절벽으로 뛰어내리면, 그는 사라지고 신성(神性)이 드러날 것이다.

이 책은 '나는 누구인가, 왜 사는가, 어떻게 살 것인가'라는 질문에 대한 대답이며, 인류에게 전하는 염려와 가능성에 관한 메시지다.

*

필자는 광주민주화운동과 군부독재를 거친 이른바 '(3)86세대'이다. 정치와 사회에 대한 극렬한 불만과 변혁을 꿈꾸었던 − 20대에 혁명을 꿈꾸지 않으면 바보이고, 30대에도 계속 혁명의 꿈을 꾸면 또한 바보라는 자조적인 웃음소리가 횡횡했던 − 20대를 지나 30대에 들어서면서 사회보다는 내 자신을 변화시키는 것이 더 기본적이고 중요하다는 인식을 하게 되었다. 그러나 무엇을 어떻게 해야 하는지 너무나 막연하고 답답하였다. 현대의 성자라고 일컬어지는 영적 스승들의 책을 뒤져보아도 무슨 이야기인지 도통 알 수가 없었다. '선문답'에서 거론되는 깨달음에 대한 막연한 기대와 환상뿐이었다.

우여곡절 끝에 행운인지 재수 없음(?)인지 깨달음이 드러난 후에야 발심부터 깨달음에 이르는 전 과정이 일목요연하게 보였다. 그래서 이 길을 걷게 될 미래 수행자들에게 내가 경험한 과정을 일러주는 '길라잡이'를 남겨주어야 한다는 '염원'을 가졌다. 그리고 훌쩍 10여 년이 지났다.

이 책을 집필하게 된 결정적인 동기는 스마트 폰의 등장에 있다. '뇌'가 아직은 말랑말랑한 젊은 친구들이 스마트 폰의 노예가 되어 깨달음은커녕 발심조차 할 수 없는, 즉 영적 수행의 미래가 폐허가 되어 버리고, 깨달음은 문헌에만 존재하는 전설로만 남을 수도 있다는 위기의식 때문에 이 책은 쓰였다.

교육은 '백년지기 대계'라고 했던가. 거의 불가능한 바람이지만 대학에서

만이라도 수행과 명상에 관한 커리큘럼을 도입하여 젊은 친구들이 자신의 삶에 대해 진지하게 숙고할 수 있는 기회가 주어지길 바란다.

2016년 1월 25일 13시 44분

평산 **이형석**

이 책의 구성과 읽는 방법

　이 책은 총 5부로 구성되어 있다. 각 부는 다시 중제목으로 분류되어 있고, 이 중제목 안에는 세분화된 소제목으로 이루어져 있다. 예를 들면 1부 에고는 로마문자 'I'이고, 중제목은 큰 아라비아 숫자 '1. 분리', 그 안에 작은 숫자로 맨 위에 올라와 있는 '1) 자연과의 분리'로 되어 있다. 즉, 대, 중, 소의 제목으로 구성되어 있는 것이다. 다른 '부'들도 동일하다(예외적으로 II. 수행편, 6. 실제 수행과정에서는 소제목 항목 안에 다시 소제목이 포함된 구성으로 되어 있다).

　이 책을 읽게 되는 독자들은, 'I. 에고'는 꼼꼼하게 자신의 상황과 비교해가며 읽기를 바란다. 'II. 수행편'에서는 수행방법과 수행자의 자세를 눈여겨보기 바란다. 지적 호기심이 아닌 정말로 수행의 길에 들어서려는 예비 수행자들은 2부를 천천히 음미하면서 정독하길 바란다. III, IV, V에는 '이런 과정이 존재하는구나.' 하는 정도로 주마간산(走馬看山)식의 독서를 권한다. 아직 수행조차 시작하지 못한 예비수행자들이 III, IV, V에 대한 정보를 앞서 접하게 되면 무의식적으로 '나는 언제 저런 수준에 도달할 수 있을까?' 하는 욕심이 부지불식간에 생겨나기 때문에 수행에는 큰 걸림돌이 되는 것이다. 그러니 III, IV, V의 내용은 읽은 후에 잊어버리고 다시 책을 들춰서 재독하지 않기를 바란다.

  어떤 항목 밑에는 시인들의 절창과 가객들의 소리를 수록하였다. 관심 있으신 독자들은 전문(全文)의 일독과 전곡(全曲)의 일청을 권한다.

차례

Ⅱ. 수행

Ⅲ. 명상

IV. 깨달음

V. 스승

I. 에고

* 우리가 인식하지 못하는 문제점

1. 분리

2. 조건화

3. 동일화

4. 과거의 기억

5. 자동화

6. 어리석음(무지)

7. 욕망

8. 안전, 안정의 욕구

9. 투사(착각, 환상, 허구)

10. 군중심리

11. 자기방어

12. 종교

* 우리가 인식하고는 있지만 개선되지 않는 문제점

1. 집착

2. 의존(노예화)

3. 고독

4. 불안

5. 관계

6. 습관

7. 나태

8. 비창조적인 삶

9. 선택

10. 고통

11. 두려움

12. 분노

13. 폭력

우리는 살아가면서 느끼는 희로애락의 다양한 상황에 대해 즉시 사고하고 반응할 뿐이지 그 반응의 주체인 내가 왜 그렇게 하는지에 대해서는 관심도 없고 알려고도 하지 않는다.

조고각하(照考脚下)! 우리는 자신에 대해 이해해야지만, 무엇이 문제의 뿌리이고, 어떻게 개선해야 되는지 알게 될 것이다. 당신이 믿고 싶지 않다거나 회피하려고 했던 당신의 가면 뒤에 숨겨진 '민낯'을 직접 대면해 보자.

(에고는 여러 면에서 복잡하게 얽혀있어서 항목에 따른 내용의 중복이 피치 못하게 발생하게 되었다. 독자 분들의 양해를 구한다.)

희미한 옛사랑의 그림자

김광규

4 · 19가 나던 해 세밑
우리는 오후 다섯 시에 만나
반갑게 악수를 나누고
불도 없이 차가운 방에 앉아
하얀 입김을 뿜으며
열띤 토론을 벌였다
어리석게도 우리는 무엇인가를
위해서 살리라 믿었던 것이다
정치와는 전혀 관계없는 무엇인가를
위해서 살리라 믿었던 것이다

중략

그로부터 18년 오랜만에
우리는 모두 무엇인가 되어
혁명이 두려운 기성세대가 되어
넥타이를 매고 다시 모였다
회비를 만 원씩 걷고
처자식들의 안부를 나누고

월급이 얼마인가 서로 물었다

치솟는 물가를 걱정하며

즐겁게 세상을 개탄하고

익숙하게 목소리를 낮추어

떠도는 이야기를 주고받았다

모두가 살기 위해 살고 있었다

아무도 이젠 노래를 부르지 않았다

적잖은 술과 비싼 안주를 남긴 채

우리는 달라진 전화번호를 적고 헤어졌다

중략

돌돌 말은 달력을 소중하게 옆에 끼고

오랜 방황 끝에 되돌아온 곳

우리의 옛사랑이 피 흘린 곳에

낯선 건물들 수상하게 들어섰고

플라타너스 가로수들은 여전히 제자리에 서서

아직도 남아 있는 몇 개의 마른 잎 흔들며

우리의 고개를 떨구게 했다

부끄럽지 않은가

부끄럽지 않은가

바람의 속삭임 귓전으로 흘리며

우리는 짐짓 중년기의 건강을 이야기했고

또 한 발짝 깊숙이 늪으로 발을 옮겼다.

1. 분리

인간은 진화 과정에서 포식자들로부터 생존에 대한 안전 확보와 생활을 위한 식량 획득, 안정에 대한 욕구가 DNA에 각인되어 현 인류에게까지 유전인자로써 전해지게 되었다.

현대 인류는 천적 없는 최상위 포식자의 위치에 올라 잡아먹힌다는 공포에서 완전히 벗어나 있어서 생존에 대한 안전의 확보가 필요 없을 정도의 문명을 건설하였음에도 불구하고, 이제는 같은 종(인간들)끼리 유치한 이유로 서로를 적대시하거나 자신을 정당화(善한 존재)하면서 상대를 제거되어야 하는 악(惡)의 존재로 규정하여 상호 불신 속에서 상대의 생존을 위협하고 있다. 실제로 인간은 전쟁을 통하여 대량 살상을 저지르는 무지한 역사를 계속 진행하고 있음이다. 지극히 간단하고 명료하지만, 장고한 시간의 흐름에서 보면 자신과 타인이 억압과 지배, 노예화, 전쟁 등의 무한경쟁의 체제로 돌입할 줄 전혀 예상하지 못했고, 결과적으로 상호간의 양보와 타협, 배려 등을 통하여 공진화(公進化)할 수도 있었던 가능성도 사라져 버렸다.

인간은 자유에 대한 갈망이 본능적으로 존재하지만 안전과 안정에 대한 뿌리 깊은 무의식적인 욕구는 깊은 곳에서의 필연적인 분리와 충돌을 야기한다. 이런 이유로 인간은 본질적인 의미에서 소통과 평화는 불가능하고 끊임없는 갈등 속에 살아가면서 그것을 그때그때 일회용식 처방으로 덮어버린다. 때문에 문제의 뿌리가 무엇인지, 그 해결책이 무엇인지 문제제기조차 전혀 하지 못하고 있다.

1) 자연과의 분리

약 1만년에서 6천 년 전, 인류 문명 초기 각 지역에 거주하던 인류 조상들은 자연이 제공하는 생존에 적당한(?) 양의 식량을 확보, 분배하는 원시공동체사회를 형성하고 평화로운 삶을 영위했던 것으로 보인다. 약 6천 년 전 중동지역에서 시작된 기후변화(사막화)로 인하여 초목의 감소와 그로 인한 사냥감의 감소 그리고 사냥감의 이동이 시작되자 인류는 두 가지 중 하나를 결정해야 했다. 그 지역에 그대로 거주하면서 더 힘든 생활을 감내하던가, 아니면 초목과 사냥감을 따라 이동하던지.

중동지역의 인류는 이동을 결정하고 서쪽으로는 유럽으로, 동쪽으로는 아시아를 거쳐 북·남미 대륙으로 퍼져나가기 시작했다. 이 과정 중에 식량 확보를 위한 마찰과 전쟁은 불가피하였고, 인류는 최초로 집단적인 전쟁을 경험하게 되었다. 기후변화가 일어나기 이전에는 숲에서 발생하는 음이온으로 인하여 심리적으로 자연에 대한 친화력이 높고 심성이 유순하였던 것으로 보인다.

사막화로 인해 생존을 위협받자 인간은 자연을 자신과 분리된 존재, 삶을 위협하는 상대(적)로 인식하게 되어 더 이상 자연과 일체감을 느끼지 못하는 심한 상실감을 겪게 되었다. 수목의 감소는 음이온 발생을 현격히 떨어뜨려 인류의 심성이 거칠고 폭력적이게 되는 데 일조하였다.

이렇게 자연과의 분리는 결국 타 그룹과의 전쟁은 물론 그룹 내에서도 물리적인 힘이 강한 남성이 여성을 무시, 억압하고 어린이들은 그보다 더 못한 취급을 받게 되는 계급적이고 폭력적인 사회를 조장하게 되었다. 이것은 원시공동체사회의 심리적인 토대가 되는 타인과 고통, 기쁨, 슬픔 등 감정을 공감하는 능력을 현격하게 그리고 급속하게 쇠퇴시켰다. 그 유전인자는 현대 인류에게 그대로 상속되어 지금도 여성과 어린이에 대한 무시나 인종차별, 타 그룹과의 전쟁 등으로 이어지게 되었다.[1]

'나'라는 자아의식이 확대되면서 인류 조상들은 이전보다는 우수하고 효율적인 생존방법을 터득해 나가는 진화 과정에서 인지능력이 자연스럽게 발달되었다. 그러나 역기능으로 나의 생존이 최우선이고, 타인은 그 다음 혹은 타인은 어찌되어도 좋다는 '나'라는 자아의식을 더욱 발달시켰다. 자아의식은 자연(전체)과의 분리를 가속화하였고, 그룹 내에서는 더 많은 지식과 정보를 소유한 구성원들의 일부가 부와 권력을 장악해 나가기 시작하였다.

지식과 정보를 선대에게 성공적으로 전수받은 그룹은 생존과 진화에 유리한 위치를 점유하게 되었고, 그렇지 못한 그룹들은 하부구조를 구성하는 형태를 띠게 되었다. 이러한 유전인자는 현대인류에게 고스란히 전수되어 지식과 정보를 많이 소유, 공유한 사람이 사회와 국가를 지배하고, 단

---

1. 《자아폭발》, 스티브 테일러

1%~5% 정도의 상류 엘리트 계층이 전 인류를 지배하는 병적 구조를 심화시켜 나와 타인, 남과 여, 부자와 빈자 등의 극단적인 구조적 모순을 더욱 강화하는 방향으로 진행되고 있다.

한편, 인지의 발달은 정보를 판단, 분류, 저장, 전달하는 과정에서 모든 외부적인 대상과 내부적인 가치판단의 이분법적인 사고방식이 발달하여 모든 것을 상대적으로 분리하는 결과를 초래하였다.

인류는 살아가면서 부딪히는 모든 상황을 흑과 백으로 나누어서 그 잣대를 적용하는 것이 간단하고 편리하다고 판단하였다. 그렇기 때문에 그 상황에 대한 다각적인 의문이나 비판 없이 한 번 선택된 결정은 실행되었고, 후대로 전달될수록 그 사슬의 두께가 더욱 굵어져 이제는 거의 모든 인류가 이런 이분법적인 사고방식을 보편적인 가치로 너무나 당연히 받아들이고 있다.

도다리를 먹으며

김광규

전략

말하고 싶은 입과 가리고 싶은 성기의
왼쪽과 오른쪽 또는 오른쪽과 왼쪽에
눈과 귀와 팔과 다리를 하나씩 나누어 가진

우리는 언제나 왼쪽과 오른쪽을 견주어

저울과 바퀴를 만들고 벽을 쌓았다

나누지 않고는 견딜 수 없어

자유롭게 널려진 산과 들과 바다를

오른쪽과 왼쪽으로 나누고

우리의 몸과 똑같은 모양으로

인형과 훈장과 무기를 만들고

우리의 머리를 흉내 내어

교회와 관청과 학교를 세웠다

마침내는 소리와 빛과 별까지도

왼쪽과 오른쪽으로 나누고

이제는 우리의 머리와 몸을 나누는 수밖에 없어

생선회를 안주삼아 술을 마신다

우리의 모습이 너무나 낯설어

온몸을 푸들푸들 떨고 있는

도다리의 몸뚱이를 산 채로 뜯어먹으며

묘하게 두 눈이 오른쪽에 몰려 붙었다고 웃지만

아직도 우리는 모르고 있다

오른쪽과 왼쪽 또는 왼쪽과 오른쪽으로

결코 나눌 수 없는

도다리가 도대체 무엇을 닮았는지를

2. 조건화[2]

　한 아이의 임신이 확인되면 태교라는 즉각적, 무의식적 조건화의 과정이 시작된다. 직접적이든 간접적이든 우리는 아이를 일정한 틀에 꿰맞추기 시작한다. 부모 자신은 지극한 사랑으로 그렇게 한다고 하지만, 아이의 가치관 형성에 절대적으로 영향을 미치고 아이를 어떤 종류의 조건화된 존재로 강제해버린다. 조건화는 피할 수 없고 필연적이다.

　그 아이가 태어난 지역과 시대, 문화발달의 정도, 종교, 부모의 가치관, 기후, 토양에 따른 음식, 소속집단과 언어 등, 그 아이를 둘러싸고 있는 모든 환경들이 강제적으로 주입된다. 아이는 백지상태이고 무방비상태이며 생존을 위해서는 주위의 도움이 절대적으로 필요하므로, 주입되는 정보와 지식 등에 완벽히 노출되어 조건화가 진행된다.

　심리학자들의 연구에 의하면 이러한 조건화는 대략 일곱 살경에는 그 얼개가 완성된다고 하는데, 그 이후에는 학교나 사회에서 제시하는 가치관 등에 따라 '재조건화'가 이루어지고, 평생을 자신이 조건화되어 있다는 사실조차 인식하지 못한 채 살아간다. 조건화는 생존과 공동체 삶을 위해서는 반드시 필요하지만, 문제는 자신이 조건화되어 있다는 것을 인식하지 못하고 자신의 가치관으로 자유롭게 판단, 그 결정에 따른 행위를 실행하

---

2. 문화, 전통, 사회, 종교, 도덕 등이 교육이라는 매체를 통하여 구성원의 심리를 일정한 틀로 조건 지우는 것

여 삶을 자주적으로 살고 있다고 착각하고 있다는 것이다.

시간이 흘러서 당신이 부모가 되거나 늙어갈수록 다음 세대를 조건화시킨다. 즉, 당신은 피해자인 동시에 가해자인 것이다.

1) 대립과 충돌

유아기 : 부모는 스스로 체험(?)했다고 착각하는 호·오, 선·악, 미·추 등 가장 주관적인 가치를 진심어린 충고나 사랑이 듬뿍 담긴 정보(?)로 잘 포장해서 자식들에게 권유하거나 심지어 강제한다. 이렇게 수용된 가치관은 당연히 각 부모들의 그것과 다르기 때문에 모든 아이들도 서로 다른 가치관을 가지게 되므로, 언제나 상호 대립과 다툼, 충돌의 가능성이 존재하는 것이다. 즉, 모든 개인은 언제 폭발할지 모르는 폭탄을 하나씩 품고 살아가게 되는 셈이다.

아동기 : 제도권 교육에 진입하게 되면 학교(사회)에서 요구하는 가치에 부응하기 위해 노력한다. 자신의 가치관과 사회에서 요구하는 그것이 상호 충돌하더라도 대부분 사회의 가치관에 종속되어 적당한 선에서 절충하고 각 개인의 고유한 성품이나 개성은 함몰되고 획일화된 집단구성원의 일부가 되어 간다. 의문을 품거나 문제 제기를 하는 소수의 아이들은 반항아 혹은 부적응자로 낙인찍히고 집단에서 소외되는 경우가 대단히 많다.

사춘기와 청년기 : 자신이 속해있는 사회에 대한 문제점에 의문을 제기하게 되고, 사회변혁을 꿈꾸고, 실제로 행동에 옮기기도 하지만 사회의 전체 구조가 자신에게 주입한 조건화에 대해서는 의심이나 회의도 없이 외부 환경을 변화시키는 데에만 관심을 가질 뿐, 자신(내부)을 들여다보려는 생

각조차 하지 못한다. 일부 진보적인 지성인들이 청소년들에게 '너희들만의 개성을 가져라' 혹은 '불가능을 꿈꿔라' 등의 핑크빛 환상을 제시하면서 격려하지만 이것 또한 사회 내에서의 변화와 성공에 한정된 것이며, 그런 제안을 하는 사람들조차도 인간이 추구해야 할 진정한 가치가 무엇인지 모르기 때문에 올바른 방향을 제시해 줄 수도 없고, 조건화에서 벗어날 수 있는 근본적인 해결책을 내놓을 수도 없다.

　장·노년기 : 당신은 이미 조건화가 충분히(?) 진행되어 당신이 구축한 모든 가치관은 돌처럼 굳어있다. 당신의 가치에 어긋나거나 반하는 것은 무엇이든 거부하고 심지어 상대를 설득하던가 혹은 강변을 통하여 당신이 옳다는 것을 증명하려고 끊임없이 애쓴다. "서른 살이 넘어간 사람의 말은 믿지 말라." 혹은 "사람은 30에 죽고 70에 묻힌다."라는 수피들(이슬람세계의 신비가들)의 말이 의미하는 것이다. 이제 당신은 스스로 전혀 의식하지 못하면서 다음 세대를 조건화시켜서 오염시킬 수 있는 만반의 준비를 끝내고 호시탐탐 기회만 노리면서 평생의 연륜(?)과 지혜(?)를 후대에게 물려준다는 착각 속에서 그 대상을 탐색하기 시작한다. 이제 당신은 피해자에서 가해자로 '역할 바꾸기'를 시도하는 것이다.

　말년 : 자신이 가장 옳은 사람이라고 강변하면서 더욱 고집불통이 되어가고 쓸쓸히 최후를 맞는다. 그러나 여기서 끝나는 것이 아니다. 당신이 평생 모은 기억과 가치관 등이 핵으로 뭉쳐서 다음 생의 육신으로 이동하여 또다시 조건화가 시작되고 반복, 계속된다.

　이렇게 무시무시한 조건화의 문제점을 인류의 99.99%가 단 한 번도 의심하거나 '왜?'라고 질문하지 않는다. 그리고 어떤 내적 변화와 진보 없이 그냥 살다가 죽는다는 것이 대부분 당신들의 일생이다.

2) 조건화의 몇 가지 유형

 언어 : 선택의 여지없이 받아들이고 반드시 모방해서 따라해야 하는 것으로, 공동체 생활에 있어서 필수적인 것이다. 그러나 언어가 침묵이 배제된 상태에서는 사고조차도 언어로 하게 되고 내적인 재잘거림이 계속되어 자신이 이것(잡생각)을 멈추고 싶어도 전혀 멈출 수 없는 상황이 계속된다. 즉, 조건화에서는 언어를 주입만 시킬 뿐 언어의 정지, 침묵, 고요는 전혀 고려되지 않는다.

 성(性)적 역할 : 남녀가 신체적인 조건이 다르므로 상호간의 역할이 다른 것은 당연한 것이지만, 남성 중심의 인류 역사가 보여주듯이 여성들에게 '수동적이고 고분고분하고 순종적이어야 한다.'는 것을 강요했다. 똑똑하고 지적인 여성들을 남편들이 싫어하니까 여성들은 생존을 위해 지성을 포기하고 몸을 꾸미면서 남성들에게 자신의 외모나 신체조건을 어필하여 살아남고자 시도했다. 남성들에게는 육체적 힘의 발산, 인내, 희생, 조직에 대한 복종 등이 강요되어 전사로 키워졌고, 상호 배려나 이해심보다는 능동적인 사회 참여와 공격적인 태도 등이 요구되어 광기, 폭력, 전쟁 등을 행사하게 되었다.

 종교 : 기후, 토양, 수질과 같은 환경적인 요인은 자신이 태어난 지역에 의해 결정된 것으로 어쩔 수 없이 조건화가 결정된다. 그러나 종교는 선택의 폭이 존재해야만 함에도 불구하고 이슬람교와 힌두교, 유대교 등은 무조건적으로 후대에 세습된다. 그 종교가 발생할 때와 현재의 상황이 많이 바뀌어서 변화되고 제거, 폐기처분해야 하는 부분이 분명히 존재함에도 불구하고 기성세대들은 무조건적인 믿음과 복종을 자신뿐 아니라 후대에게

도 강제한다(이러한 문제의 원인은 인류학자들이 행한 실험인 '화난 원숭이 실험(Angry Monkey Project)'에 잘 드러나 있다[3]). 이들 종교들은 자신의 수행방법과 지향하는 목표가 최고의 가치라는 확신과 신앙의 대상이 유일하고 최고의 신이라고 생각하기 때문에 다른 종교들과 충돌하며, 심지어 종교의 이름으로 상대를 응징하는 전쟁을 일으키기도 한다. 자신의 종교를 고찰하고 반성하지 않은 채 타 종교를 '악'으로 규정, 비난, 심지어는 말살하려고 하는 것은 자신이 믿는 신앙과 종교에 대한 맹목적인 추종에 대한 결과이다.

　소속집단 : 인간은 탄생과 동시에 가족, 친지, 지역사회, 국가의 일원으로 자동 편입되고 그 집단의 가치관을 주입받는다. 애향심, 애국심과 같은 비구체적인 가치들이 끊임없이 아이의 뇌에 주입된다. 성장 한 후에 타 지역에서 동향사람을 만나면 반가워하는 '지역민 동질성'이 주입되어 평생에 영향을 준다. 더욱 심각한 것은, 국가는 내가 어느 나라 사람이라는 것을

---

3. 실험자가 한 무리의 원숭이들이 있는 우리의 천장에 바나나를 줄로 매달아 두었다. 바나나를 본 원숭이들이 그것을 먹으려고 줄을 타고 올라가자 실험자들은 호스로 찬물을 뿌렸다. 깜짝 놀란 원숭이들이 물세례를 받고 바닥으로 떨어졌다. 원숭이들은 다시 바나나를 먹으려고 여러 번 시도를 했지만 줄을 탈 때마다 번번이 찬물이 쏟아졌다. 그러자 어떤 원숭이도 줄을 타고 오르려 하지 않았다. 그리고 그 뒤로 원숭이들은 아예 바나나를 따려는 시도를 하지 않게 되었다. 실험자는 우리 안의 원숭이 중 한 마리를 새로운 원숭이로 교체했다. 천장에 매달려 있는 바나나를 본 신참 원숭이는 눈을 반짝이며 줄을 타고 올라가려고 했다. 그러자 안에 있던 고참 원숭이들이 버럭 화를 내며 신참 원숭이를 제지했다. 신참이 올라가서 바나나를 건들이면 자기까지 찬물을 뒤집어쓰게 될 것이기 때문이다. 이렇게 고참 원숭이들의 불같은 성화에 위축된 신참 원숭이는 더 이상 줄을 타고 오르려는 시도를 하지 않게 되었다. 그럴 때마다 실험자는 우리 안의 원숭이를 한 마리씩 교체했고, 결국 우리 안에는 직접 찬물 세례를 받은 경험을 가진 원숭이가 한 마리도 남지 않게 되었다. 그러나 여전히 어떤 원숭이도 바나나를 따먹으려고 하지 않았다. 이제는 아무도 그 이유를 모르면서도, 어느새 원숭이들에게 바나나는 따먹으면 안 되는 대상이 된 것이다. 이것이 그 유명한 게리 하멜과 C. K. 프라할라 교수의 논문에 소개된 '화난 원숭이 실험'이다.

주입시키고 그 결과 '나'는 그것을 절대 잊을 수 없으며, 설령 국적이 바뀌더라도 내 조국을 위해서는 자신의 목숨이라도 바칠 수 있다는 신념을 심어준다. 인간은 소속집단의 구성원이거나 국가의 국민의 한 사람이기 이전에 존엄한 개인임을 잊지 않도록 기존세대들이 교육해야 함에도 불구하고 소속집단과 국가의 개념을 적극적이고 강제적으로 후대에게 주입하고 있다. 그것도 자랑스러운 자부심을 가지고.

　사회적 가치 : 현 사회가 개인에게 요구하는 가치를 들여다보면 경쟁에서의 승리, 부의 축적을 통한 사회적 신분상승, 명예, 권력에 탐착하라고 부추긴다. 한편으로는 이해와 협력, 배려, 상호소통이라는 환상을 떠들어대지만 인간 의식의 기저에 깔려있는 경쟁심과 자기과시, 공격성, 지배력 획득, 강자 독식 등은 관심 밖이다. 무한경쟁 사회에서 개인은 기계적인 부속품의 하나로 전락하였고 그 가치의 성취가 무엇을 위해서인지 고려하지도 않은 채 무조건, 무작정 사회가 제시한 목표의 성취를 위해 달려가고 있다.

　음식 : 지역·종교적 전통에 의한 특정 음식의 거부 — 힌두교는 소, 이슬람교는 돼지, 유대교는 비늘 없는 생선, 자이나교는 토마토 등 — 는 아이들에게 그런 음식이 금기시되고 공급이 철저하게 차단되기 때문에 그런 음식을 먹어보려는 시도조차 하지 못하게 한다. 한국에 처음 온 서양인들에게 개고기를 소고기라고 속여서 대접하고 그들이 맛있게 먹은 후에 그 음식은 소고기가 아닌 개고기였다는 사실을 그들에게 말해주면 대부분 그 음식을 토해낸다는 일화가 있다.

　인간은 어렸을 적에 먹었던 음식에 소위 '인'이 배겨서 엄마나 외할머니가 해준 음식의 맛을 잊지 못하고 또한 가장 맛있는 음식으로 기억한다. 재미

있는 점은 TV에 나온 음식 프로그램에서 고수(高手)들이 내어놓는 한식 고유의 음식을 먹게 되면 거의 대부분의 식객들이 이구동성으로 어렸을 때 어머니 또는 시골 외할머니가 해주셨던 최상(?)의 맛이라고 극찬한다. 인간의 기억은 어머니나 외할머니가 해준 음식의 맛과 고수가 만든 음식의 맛을 서로 혼동, 일체화시킨다는 것이다. 즉, 기억의 착각이다. 인간은 자신에게 편리한 기억을 선택하게 되어 있다. 그리고 착각은 항상 존재하지만 우리는 그런 오류에 대해 무관심하다.

어떤 종류의 조건화이든 인간에게 세뇌되면 그 기억에 대해 자신이 조건화되었다고 생각해보거나 그 잘못된 한계를 교정하려고 시도한다는 것은 거의 불가능해 보인다. 조건화의 가장 심각한 문제는 인간이 아무리 심오한 철학적인 사고를 통하여 인간이 봉착해 있는 문제를 해결하려고 하여도, 이러한 생각 모두가 철저하게 조건화되어 있다는 것이다.

3. 동일화[4]

1) 몸

인간은 자신과 몸을 동일한 것으로 인식하고, 몸은 자신의 일부일 뿐이라고 전혀 생각하지 못한다. 이 '몸'과 나 '자신'을 동일화하는 것은 인간의

---

4. 기억, 이름, 몸, 마음, 소유물, 모습, 과거, 생각, 집착의 대상, 위대한 것, 신념, 이상, 자신이 신앙하는 신 등을 자신의 일부 또는 전부라고 착각하는 것

고통과 비극의 가장 근본적인 문제이다.

산정묘지(山頂墓地) 1

조정권

겨울 산을 오르며 나는 본다.
가장 높은 것들은 추운 곳에서
얼음처럼 빛나고,
얼어붙은 폭포의 단호한 침묵
가장 높은 정신은
추운 곳에서 살아 움직이며
허옇게 얼어터진 계곡과 계곡 사이
바위와 바위의 결빙을 노래한다

중략

만일 내 영혼이 천상의 누각을 꿈꾸어 왔다면
나는 신이 거주하는 저 천상의 일각을 그리워하리
가장 높은 정신은 가장 추운 곳을 향하는 법

중략

결빙의 바람이여,

내 핏줄 속으로

회오리치라

나의 발끝에서 머리끝까지

나의 전신을

관통하라

점령하라

도취하게 하라

중략

나의 시간은 오히려 눈부신 성숙의 무게로 인해

침잠하며 하강하지 않았는가

밤이여, 이제 출동명령을 내리라

좀 더 가까이 좀 더 가까이

나의 핏줄을 나의 **뼈**를

점령하라, 압도하라,

관통하라

중략

내 영혼이 내 자신의 축복을 주는 휘황한 백야를

내 얼마나 꿈꾸어 왔는가

육신이란 바람에 굴러가는 헌 누더기에 지나지 않는다
영혼이 그 위를 지그시 내려누르지 않는다면

2) 마음

누군가 '당신은 바보야'라고 한다면 당신은 틀림없이 아니라고 반박하거나, 의기소침해지거나, 분노할 것이다. 이런 반응들은 타인이 당신에게 던진 단 한마디의 말에 당신이 심한 감정의 기복을 느낀다는 것이다. 이것은 당신 기억의 반응인 사고와 느낌, 감정 등을 '자신'이라고 생각하는 마음과의 동일화 때문이다.

마음과의 동일화는 자신에게는 분열을, 타인과는 대립과 충돌을 발생시킨다.

3) 물건

어릴 적 엄마를 졸라서 얻게 된 장난감이 부서졌거나 분실했을 때의 느낌을 기억하는가? 당신의 관심과 노력에 의해 획득한 소유물이라는 것은 인연에 따라 당신 곁에 머물다가 타인에게로 옮겨가거나 폐기처분되는 것이다. 그런 감정의 기복이 생긴다는 것은 그 소유물이 당신의 일부 또는 어느 한순간에는 당신의 전부인 것처럼 느끼기 때문이다. 이는 소유물에 당신이 동일화되었다는 중요한 증거이다.

4) 위대한 것

인간은 자신이 최소한 주변 인물들보다는 열등하지 않고 평균치보다는 조금이라도 위에 있고(워비곤 호수 효과), 어떤 면에서는 남들보다 우월하고, 어쩌면 최고일지도 모른다는 착각을 자신에게 계속 최면하면서 산다. 그러나 우리의 잠재의식은 자신은 초라하고 보잘것없으며, 외롭고 약한 존재라는 것을 인식하고 있어서 무언가 의지할 것이 필요하다는 것을 본능적으로 알고 있다.

이러한 욕구 때문에 누구에겐가 위안과 보호받고 있다는 느낌을 충족시키기 위해 여러 가지 행위들을 하게 된다. 그중 손쉬운 것은 자신보다 우월하다고 생각되는 집단, 가치, 신념, 이데올로기 등에 자신을 소속시켜서 자신도 무언가 위대한 것의 일부 또는 위대한 것이라는 착각 속에서 스스로를 강화, 확대시켜 자신이 크고 중요한 존재가 되고 싶어 하는 시도이다.

4. 과거의 기억

인간은 살면서 알게 된 정보나 지식, 경험들을 분류하여 잘 정리된 옷장처럼 두뇌 속에 저장하고 있다. 기억의 덩어리들은 '나'라는 자기감각(정체성, 자아)을 만들어 낸다. 이 '나'라는 느낌은 모든 사람들이 너무나 당연하게 받아들이고 있지만, 이것은 존재하지 않는 허구이다.

1) 2%

심리학자들의 연구결과에 의하면 인간은 외부의 자극에 의한 정보를 단지 2%만 수용한다고 한다. 2%의 정보로 과거에 축적해온 기억들의 여과 장치를 통하여 해석, 분류하고 유사한 정보를 비교하여 다시 축적, 재배치한다. 일련의 과정이 끝나게 되면 그 정보들을 잘 알게 되었고 확실히 이해하였다고 결론짓는다. 에고는 무엇이든 미적지근하거나 잘 이해하지 못한 상태로 정보를 남겨두지 않으려하고 신속하고 명확하게 처리하여 저장하려는 본능적인 경향이 있다.

에고는 수용 가능한 흥밋거리를 지속적으로 찾아다니지만 기억과 다르거나 반대되는 정보는 단호히 거부, 자신의 기억을 옹호, 방어한다. 에고는 모든 것을 의심하지만 자신의 기억에 의존하고 있는 해석과 판단은 결코 의심하지 않는다.

2) 교육의 문제점

우리가 배워왔고 현재 배우고 가르치고 있는, 미래에도 변함없이 반복될 교육은 전 세계적으로 동일하게 기억을 '많이' 그리고 '정확하게' 습득하는 것에 집중되어 있다. 통제 불가능한 엄청난 양의 정보와 지식들이 각 개인의 뇌에 차곡차곡 축적된다.

전혀 창의적이지 않고 죽은 지식들만을 학생들에게 주입하는, 자신들이 알고 있는 기억을 반복하여 강의하는 선생들과 교수들의 기존 교육은 동일한 물건을 대량생산해 내는 현대 산업 공장과 같고 자신들도 조건화되었음을 자각하지 못하고 있다.

교육은 개인의 생존이 가장 중요한 덕목이라는 것을 필요 이상으로 주입하고 있다. 옳음과 정당성도 아름답고 탐나는 가치이긴 하지만, 이익과 실리와는 실질적으로 상호 충돌하게 되어 있다. 교육은 살면서 반드시 필요한 '마음을 멈추게 하는 방법'에 대해서는 알지도, 가르치지도 못하고 삶에 꼭 필요한(?) 심성적 측면인 사랑과 연민, 타인과의 조화로운 관계, 배려, 양보, 불편함을 견디는 인내 등은 전적으로 무시되고 있다.

5. 자동화

1) 의식·무의식적 정보 수집

현대 사회는 너무나 많은 정보와 지식들이 우리가 주체적으로 걸러내기도 전에 거의 강제적으로 주입되며, 자신에게 필요(?)하다고 판단되는 모든 정보를 수집하려고 노력한다. 우리는 그저 일회성인 지식과 정보들을 끌어 모으지만, 그 얄팍한 정보의 축적은 그저 쓰레기 집하장처럼 되어버린다.

에고는 당신이 인식하지 못하는 순간에도 많은 정보를 수집, 비교, 분류, 판단, 저장하고 있다. 한가로운 오후에 대중교통 버스의 좌석에 앉아서 무심히 도심 외부의 풍경을 바라본다고 할 때 당신은 그저 창밖을 바라본다고 생각하겠지만, 당신의 눈은 지나쳐가는 간판들을 계속 쉬지 않고 읽고 있고, 눈 깜짝할 사이보다 더 짧은 순간에 당신의 '뇌'로 그 정보가 이

송된다.

  당신의 눈은 읽고, 뇌는 분류하고 비교, 판단, 저장한다. 그러다가 불쑥 그 정보가 '기억'의 어느 부분과 겹쳐지게 되면 연상 작용이 일어나서 어떤 충동이 우발적으로 생기게 되는데, 그것들을 처리하기 위해 사고를 계속하거나 혹은 행동으로 옮긴다.

2) 마음의 자가 발전

  자극과 욕망의 상황에 대처하기 위한 마음의 작용은 부지불식간에 이루어진다. 우리의 사고는 주체적인 것이 아닌 그저 우발적인 상황에 끌려가면서 튀어나오고 사라질 뿐이다. 마음의 작용은 당신의 의지와 관계없이 스스로 자가 발전하는 기계적 메커니즘에 불과하다. 단지 상황이 일정한 간격을 두고 일어나기 때문에 당신은 그 반복을 눈치 채지 못할 뿐이다.

3) 반복

  인간은 이번 삶이 종료(사망)된 후에도 이른바 에테르체라고 불리는 에고 덩어리 안에서 자신의 욕망을 해소하려고 시도한다. 육체가 존재하지 않기 때문에 욕망 해소의 결과물이 도출되기가 어렵다는 것을 인지하게 되면 다음 육체로의 이동이 일어난다. 그 육체를 통하여 또 다시 이루지 못했거나 해보고 싶은 것들에 대한 욕망의 해소를 위해 발버둥 친다.

4) 비(非)주체적 사고

의식은 사고의 과정이며, 사고는 언어화로 이루어져 있다. 그리고 이 모든 것은 당신이 지금껏 축적해 놓은 기억의 결과이다. 외부의 자극과 내적 욕망에 대하여 기억 속에서 적당한 정보의 선택적인 추출(언어화)과 비교, 판단, 실행, 결과에 대한 평가, '뇌'의 적당한 사이트(Site)에 축적되는 뻔하고 반복적인 과정이 당신이 주체적(?)으로 하고 있는 자유의지(?)에 의한 사고의 패턴이다.

사고한다는 행위 자체가 이중성과 이율배반적인 속성을 지니고 있다. 왜냐하면 사고는 항상 반대적인 개념으로 비교되어서 성립되기 때문이다. 이런 이중성 때문에 우리는 '느낌'을 직접적으로, 즉시 느끼지 못한다. 우리는 어떤 행동도 하지 않고 있을 수는 있지만, 사고는 우리의 의지와는 관계없이 끊임없이 생겨났다 사라진다. 당신은 자면서도 사고가 지속되고 있다는 것을 알지 못하고, 왜 사고가 계속되는지 의문을 갖지 않는다. 사고에 관한한 우리 모두는 무방비 상태로 노출되어 있으며 그 해결 방법을 모르고 있다.

'사고의 관성력', '망상의 지속성'은 당신의 의지로 통제, 관리할 수 있는 것이 아니다.

한편, 아무리 자신의 의지로 '사고'를 진행하려고 시도하여도, 그것에 집중할 수 있는 시간은 단 1분도 지속되지 못하고 잡생각이 수시로 끼어드는 '집중력 부재'가 당신의 사고를 방해한다.

5) 마음의 소음

  현대 교육은 말을 사용하지 않는 침묵에 대해서는 가르침도 배움도 전무하다. 언어는 결코 수용적이지 않으며 공격적이어서 존재의 가장 소중한 가치들인 친밀함과 배려, 사랑, 연민, 자비 등을 파괴한다.

  당신이 계속해서 말을 하는 행위는 불만스러움을 해소시키는 방편이며, 일종의 해방감을 갖게 한다. 누군가와 대화를 할 때 상대방은 단지 수단일 뿐이고, 당신은 이야기를 그저 뱉어내고 있을 뿐이다. 상대의 반응은 그저 부차적인 것일 뿐이다. 상대방도 당신과 동일한 역할을 한다는 것을 잘 알면서도 똑같이 행동한다. 두 사람이 그저 독백을 하고 있는 것에 불과할 뿐인데도, 우리는 그것을 대화를 한다고 표현한다.

6) 1차·2차 사고

  사고에는 두 가지 종류가 존재하는데, 첫 번째는 감각기관의 직접적인 반응에 의한 사고로, 생존이나 자기방어 등 기본적이고 자연적인 행위를 일으키게 하는 사고이다. 두 번째는 심리적으로 축적된 기억의 반응에 의한 사고로, 미래에 일어날지도 모르는 일의 가능성을 투영해서 걱정이나 해결방법을 모색(?)하는 사고이다. 우리가 하는 사고의 패턴은 복잡다단한 것이 아니라 이 두 가지 방식의 반복일 뿐이다.

  우리가 곤란을 겪게 되는 진정한 문제는 1차 사고에 꼬리를 물고 이어져 뒤죽박죽 정리되지 않은, 연상 작용에 의해서 발생되는 2차 사고이다. 2차 사고는 불필요하게 우리의 에너지를 낭비시키고, 또 다른 연상 작용에 의한 사고들을 일으키게 되어 문제 해결에 방해가 된다. 붓다가 "두 번째 화살을 맞지 말라."고 한 것이 이 2차 사고의 폐해를 지적한 것이다.

6. 어리석음(무지)

에고는 육체를 보호하고 생존과 번식을 가능케 하며, 사회의 일원으로서 무리 없는 삶을 진행하도록 돕는다. 이는 새로운 정보나 접해보지 못한 분야에 관심을 갖게 하는 순기능도 있다. 반면, 새가 알껍데기를 깨고 나와야 하는 본래의 운명과 권리를 망각케 하는 심각한 역기능 또한 존재한다.

알과 누에고치는 적당한 환경과 시간이 주어지면 다음 단계로의 비약이 필수적이고 자연스러운 것이다. 우리는 알의 상태가 전부인 줄 알고 있으며, 누에고치가 나비가 되어야 하는 환골탈태(換骨奪胎)와 비상의 과정에 대해서는 전혀 알지 못하고 있다.

1) 자기 존재에 대한 무관심

누군가 "당신은 누구십니까?"라는 질문을 한다면 당신은 먼저 이름과 과거의 경력, 사회 구성원으로서의 직업과 직위, 가족들에 대해 언급할 것이다. 당신의 대답은 예외 없이 타인들과의 관계이며, 경험해온 기억들의 축적이고, 정보와 지식의 묶음이며, 과거의 모든 것들에 대한 선택적인 통합이다. 당신은 콘택트렌즈를 당신의 눈이라고 믿고 있다. 그러나 콘택트렌즈를 필요로 하는, 정작 중요한 눈에 대해서는 알지 못하고 있다.

인간들은 자신에 대해서 전혀 알지 못하고 있으며, 자신을 알고 있지도 못하다는 사실에 대해서도 역시 알지 못한다. 인간 고유의 능력과 엄청난 잠재력을 개발할 수 있는 기회가 있는 것조차 모른다. 인간의 어리석음의 가장 밑바탕을 이루는 것은 지식이나 정보의 부재가 아닌 자신에 대한 인식(앎)이다.

2) 잠(숙면)

당신은 태어나면서부터 죽을 때까지 잠자고 있으며 몽유병환자처럼 잠 속에서 반복적이고 기계적인 행위를 하고 있다. 깨어나려고 하지 않는 이상 당신은 원하는 만큼 질리도록 오랫동안 잠을 잘 수 있는 권리가 있다. 당신의 선택이 최고의 가치를 지니며, 그 누구도 당신을 깨울 수 있는 권리는 없다.

당신은 늘 그랬듯이 군중들 속에서 포근하고 안락한 잠을 즐길 뿐이다. 평생 동안 꿈만 꾸면서 다음 생에서도 동일하게……

3) 지식과 정보

지식은 '나는 안다'라는 착각을 일으키기 때문에 축적될수록 자신이 좀 더 깊이 있고 지성적인 존재가 되어 간다는 환상을 심어준다. 이것은 자신에 대한 무지를 감출 수는 있지만 결코 그것을 제거하지는 못한다.

지식과 정보의 벽돌들을 주변에 차곡차곡 쌓아가면서 결국 자신을 성 안에 가두어 놓는 결과를 초래한다. 지식인들은 지식과 정보의 갑옷에 철옹

성처럼 갇혀있어서 천진함과 순수함을 완전히 상실하고 자신의 가치관에 대해서 단 한 번도 의심하지 않는 우를 범하고 있다.

지식의 증가는 선입견과 편견을 심화시키고 어떤 현상에 대해 열린 마음으로 다각도의 시선과 구조적인 관찰이 아닌, 순간적이고 일시적, 단정적인 결론을 내려버리는 악습을 발생시킨다. 또한 느낌, 공감과 같은 중요한 감정들을 자연스럽게 억압하기 때문에 어린 아이와 같은 순진무구(純眞無垢)함은 사라져 버리고, 창조성과 의식의 성장에 결정적으로 방해가 된다.

지식은 지혜와 전혀 상관없고 오히려 지식의 양이 늘어갈수록 점점 더 존재, 전체, 느낌과는 멀어지고, 자신을 오만하고 어리석고 고체화된 화석 같은 존재로 전락시킬 뿐이다.

지식의 증가는 현재 인류가 향유하고 있는 편리한(?) 문명을 창출하였지만, 문명의 역기능을 규제하거나 통제할 수 있는 능력인 의식의 성장은 거의 답보상태이다.

4) 죽음의 거부와 위안

죽음에 대한 두려움 때문에 인간은 영원한 삶을 욕망한다. 이것은 인간이 시간적으로는 영원한 삶을, 공간적으로는 무한한 확장을 원하는 원초적인 욕망이다. 이런 욕망이 종교적인 싸구려 믿음과 영혼 불멸성 같은 공허한 이론, 자신을 달래주는 설교, 위안을 주는 상징 따위에 집착하게 만든다. 인간은 마음의 도피처를 계속 제공받기를 원하지만 그 효과가 지속되는 시간은 너무나 짧다.

5) 충동과 공격성

인간은 자신이 합리적이고 이성적인 존재라고 확신하지만 우리의 무의식 깊은 곳에서는 진화 과정 속에서 자연스럽게 생겨난 우발적인 충동과 동물적인 공격성이 존재한다. 인간의 감정적인 충동은 이성보다는 항상 자신의 욕망 발산을 우선시하기 때문에 무시, 강압, 폭력으로 상대방을 굴복시키려는 경향이 강하다. 이런 충동과 공격성향에 대한 통찰이 없기 때문에 사람들은 어리석은 욕망의 달성을 위하여 자신의 거의 모든 에너지와 열정을 낭비하고 있다.

6) 군중과 스승

군중들은 영적 스승을 직접 알아볼 수가 없기 때문에 그들이 어떤 존재인지 알 수 있는 가시적인 '표식'을 요구한다. 스승의 존재는 외적인 그 무엇으로 알려지는 것이 아니다. 단지 그들에게서 발산되는 피안의 향기가 감지될 뿐이다(그것도 예민하고 성숙한 감성을 지닌 사람들에게만).

군중들은 과거의 경험을 통하여 스승에 대해 막연하게 추측, 상상, 환영을 만들어 그에게 투사한다. 깨달은 자가 진리의 불빛을 들고 나타나면 군중들의 추악한 실체가 백일하에 드러나게 된다. 그들의 선택은 다음과 같다. 첫 번째는 깨달은 자를 무시하기. 삶이 어떤 식으로 전개되고 어떤 삶을 살아야 하는 것에 대해 관심조차 없이 기계적이고 반복적인 삶을 살아가는 사람들의 유형이다. 두 번째는, 스승은 끊임없이 문제를 제기하고 그들의 잠(삶)을 흔들어 깨우기 때문에 불편해 하고 피하려 한다. 세 번째는 스승을 이해하지도 못하고 스스로 자신을 탐구하지도 않으면서 스승을 무조건 추종하고 숭배하는 유형. 진정한 제자가 아닌 추종자들의 유형이다. 이 세 가지 유형은 정도의 차이는 있을지 몰라도 어리석고 무지한 군중들의 모습인 것이다.

 불경이나 도마복음, 우파니샤드, 도덕경, 장자, 탄트라 등 인류 역사상 존재해온 많은 경전들은 자신에 대한 앎, 진리에 도달한 성자들이 존재에 대한 정수를 쏟아낸 결과물이다. 성자들은 언어의 이중성과 한계에 절감했고, 또한 진리는 설명되거나 직접적인 표현이 불가능하기 때문에 어쩔 수 없이 군중들이 알아들을 수 있는 방법으로 은유나 비유를 선택할 수밖에 없었다.

 군중들은 행과 행 사이에 있는 경전의 진정한 핵심을 파악할 수가 없었기 때문에 겉으로 드러난 문자에만 집착, 자신들이 이해한 대로 경전을 해석하였다. 왜곡된 해석들은 군중들의 어리석은 행위인 마녀사냥, 노예무역, 종교전쟁 등을 미화하는 데 이용되었다. 이런 어리석음은 현대의 종교에서도 계속 저질러지고 있고, 앞으로도 개선의 여지는 없어 보인다.

 7) 선물과 조언

 인간이 타인에게 무엇을 선물하는 것은 무조건 선하고 바른 행동이라고 믿는 경향이 있다. 주는 행위는 주는 사람이 우월한 지위에 있고, 받는 사람은 열등한 위치에 있다. 둘의 암묵적인 거래가 존재한다. 따라서 선물은 에고를 강화시키는 대표적인 행위이다. 주는 행위는 세상 사람들에게 비난받을 일이 결코 아니다. 만약 받는 사람이 그 선물을 거절하면 주는 사람은 오히려 당황스럽고 의아하게 생각하고, 심지어 불쾌하게 생각한다.

선물을 주는 사람은 어떤 사람에게는 주어도 되고 혹은 주어서는 안 되는 것, 시기도 지금이냐 혹은 나중이냐 하는 등 타인에 대한 세심한 배려와 감정동조의 능력이 필요한 것이다. 자칫 주변 사람들에게 자기과시로 비춰질 수 있으며, 받는 사람이 감사와 보답을 할 것이라는 무의식적인 기대를 갖게 될 수도 있는 것이다.

인간이 조언을 할 때는 굉장히 부드럽고 관대하며, 상대방의 입장을 충분히 이해하고 있으며, 자신은 그런 경험을 많이 해보았기 때문에 조언이 상대에게 큰 도움이 될 것이라고 확신에 찬 착각을 한다. 당신이 진심(?)으로 하는 조언이라고 할지라도, 그 충고가 상대방의 삶을 변화시키거나 잘못된 습관의 교정까지 연결되지는 않는다.

이런 조언의 저변에는 조언자가 조언 받는 자보다 우월하다는 생각이 깔려있고 조언 받는 자는 어쩔 수 없이 그 조언을 듣는 척하고 있지만, 속마음은 반발하면서 자신의 정체성을 방어하려 한다. "모든 사람들이 주기에 바쁘지만 아무도 받으려하지 않는 선물이 조언이다."라는 격언이 있다. 조언이나 충고를 할 때 상대방의 '눈'에는 당신이 자신의 문제도 제대로 해결하지 못하는 얼간이로 보일 수도 있다는 사실을 간과하지 말라.

도(道)에 있어서 중요한 금언 중의 하나 : 깨닫지 못했으면 타인의 인생에 관여하지 말라! 왜냐하면 당신(의 조언)은 무엇을 하고 있는지 당신 자신조차 모르기 때문이다.

8) 스마트 폰

당신이 즐겨하고 있는 인터넷, 서핑, 스마트 폰 등은 그저 빠른 검색에 의한 쓸데없는 정보의 수집, 심심함과 따분함을 해소하기 위한 '시간 죽이기'의 용도로 사용하고 있겠지만, 자기 스스로 '오물'을 '뇌'에 축적하고 있는 폐해를 저지르고 있다는 것을 인식하지 못하고 있다. 특히 스마트 폰은 시간과 장소에 구애받지 않고 항상 에고가 원하는 호기심과 자극을 즉시 해결해 주기 때문에 에고의 충실한 반려자가 되는 동시에 당신을 스마트 폰의 노예로 전락시킨다. 컴퓨터, 스마트 폰 등 전자기기들의 폭발적인 보급은 공동체 의식을 심각하게 와해시키고 자신만의 사이버공간에 안주하는 '원자화 현상'을 빠른 속도로 가속화시키며 즉흥성, 쉬운 것, 편리한 것만을 추구하게 한다.

스마트 폰에 대한 무자각적인 집착은 평생을 잠들어 있고 꿈꾸며 살고 있는 당신에게 또 다른 가상현실을 제공, 빠져들게 하기 때문에 어떤 의미에서는 술이나 담배, 마약보다 폐해가 심한, 정말로 심각한 중독 상태를 조장하고 있다.

9) 성취

사회는 우리들에게 어떤 목표를 설정하고 달성하기 위하여 노력, 정진하면 그 목표를 이룰 수 있고, 당신은 한 단계 업그레이드된 존재가 되는 것이라고 선전한다.

무엇인가를 성취한다는 것 혹은 어떤 존재로 되고 싶다는 욕망은 당연히 비교하여 경쟁심을 유발시킨다. 그리고 현재의 '나라는 존재'를 부정하고 새로운 목표나 보다 바람직한 미래의 '나'로 변화를 꿈꾸는 것, 즉 이중성, 분리의 개입은 에고가 당신을 조종하는 기본적인 전략이다.

뒤이어서 목표를 달성하기 위한 방법을 찾는 것과 결과를 도출해 내려는 욕망이 일어난다. '현재'에서 '미래'와 '방법', '노력'으로 분리되면서 '현재'와 '나'는 부정되고 희생되는 것이다.

10) 보증수표

인간은 자극과 욕망의 반응과 해소를 어떻게 효과적으로 처리할 것인가, 얼마나 손쉽고 빠르게 해결할 것인가에 대해서만 관심이 있을 뿐, 외부의 자극에 대한 자신의 반응 자체와 내적 욕망의 해소를 위한 행동의 양태가 어떤 식으로 진행되는지에는 관심이 없다. 쉬운 방법만을 찾는 인류의 성향은 종교의 선택에서도 쉽게 드러난다. 자신이 고민을 하고 여러 각도에서 연구해 본 후에 신중하게 종교를 선택하는 것이 아니고 예수나 붓다와 같은 영적 스승들을 모방함으로써 확실한 '보증수표'를 확보하려고 한다.

그 누구도 – 예수, 붓다, 노자, 장자, 다른 영적 스승들 – 타인들을 모방하거나 추종함으로써 자신의 지고한 존재에 도달한 인물은 단 한 명도 없다. 그런 얄팍한 보증수표의 확보를 원하는 기대심리는 어떤 결과를 쉽게 획득하고자 하는 에고의 전략이다.

11) 영혼

유대교, 이슬람교, 기독교와 그 분파들은 단 한 번의 생을 믿으며, 사후에 심판이 있고, 그 심판의 결과에 따라 영원한 천국과 지옥행이 결정된다는 직선적이고 공격적인 신앙체계와 믿음을 갖고 있다. 동양의 종교들은 많은 생을 윤회하면서 영적 성숙과 진화, 천상의 존재로 나아간다는 나선형적인 믿음을 갖고 있다. 모든 종교의 바람은, 자신의 육신은 비록 소멸하더라도 영혼은 더 좋은 곳으로 가고 싶어 하는 희구가 깔려있다.

영혼을 언급하기 이전에 당신은 자신의 마음조차도 전혀 모르고 있다. 에고가 당신을 어떤 식으로 기만하고 노예화시키고 있는지 인식하지 못하고 있다. 인식하지도, 이해하지도, 경험해 보지도 못한 '영혼의 불멸'이나 '윤회'를 믿고 확신하고 싶어 한다. 당신이 아는 것은 그저 몸이 행하고 있는 육체적 삶이 전부이다. 당신의 육체를 움직이게 하는 명령권자인 에고에 대해서도 전혀 알지 못하면서, 어떻게 영혼을 알 수 있겠는가?

7. 욕망

우리는 육신으로 살고 있는 생명체이기 때문에 기본적인 육체적 욕망은 충족되어져야 한다. 우리가 존재하는 한 욕망을 제거할 수도, 피할 수도, 부정할 수도 없고, 설령 수용한다 하더라도 다른 종류의 욕망은 항상 일어나기 마련이다. 당신이 욕망을 처리할 수 있는 방법은 아무것도 없다. 욕망이 이끄는 대로 충동적으로 끌려가면서 그것을 해소하기 위해 평생을 헐떡이며 욕망의 노예로 살 뿐이다. 에고는, 당신에게는 욕망을 일으키고, 타인에게는 피해를 끼치게 된다.

거품좌(座)의 별에서

최승호

변기의 소용들이 뒤에
마지막 물 빠지는 소리는
왜 이리 크윽크윽
죽음의 트림 소리로 들리는지

한 세대가 변기의 물처럼 오고
거품에 휩쓸려 구멍으로 빠져나가도
닳지 않는 변기처럼
그대로 남아 있는 늙은 대지

중략

허공은 나를 거들떠보지 않는 광막함이다
변기의 우주관이 내 머릿속에
세워졌다 무너지고

거품좌의 별들이 생멸생멸하며
어디론가 흘러가는 이 밤

어느 거품좌의 외딴 별에
포말문자(泡沫文字)로 물 위에 동시 쓰는 할아버지가 있어
거품 물고 늘어지는 나 굽어보며
소금쟁이의 고뇌라 웃으실지

1) 욕망과 따분함

당신이 TV 바로 옆에 앉아서 불을 끄고 TV를 켜보라. 음량을 0으로 하여 소리가 안 나오게 한 후 벽면에 명멸하는 조명을 주시해 보라. 장면들은 수시로 바뀌고, 계속 이어진다. 당신의 욕망도 동일하다. 외부의 자극이든 내부의 충동이든 간에 에고는 당신에게 끊임없이 신호를 보낸다. 그 신호들 모두가 당신에게 욕망의 대상이 되는 것은 아니다. 그 신호들 가운데 과거에 경험했던 것들 중 당신의 뇌에 '좋은 것'으로 저장되어 있는 기억만이 욕망의 대상으로 선택된다. 별 관심을 끌지 않는 신호는 무시되고 '나쁜 것, 좋지 않은 것, 혐오스러운 것' 등의 신호는 당신이 완강히 거부하거나 억압한다.

욕망은 아무리 충족시켜도 끝이 없고, 당신이 그것을 채우려 노력할수록 더욱 더 많이 일어난다. 대상은 바뀌지만 욕망은 그대로 그 자리에 존재하고 있다.

바람부는 날이면 압구정동에 가야 한다 2
— 욕망의 통조림 또는 묘지

유하

압구정동은 체제가 만들어낸 욕망의 통조림 공장이다
국화빵 기계다 지하철 자동 개찰구다 어디 한 번 그 투입구에
당신을 넣어보라 당신의 와꾸를 디밀어보라

중략

그 투입구에 와꾸를 맞추고 싶으면 우선 일 년간 하루 십 킬로의 로드웍
과 섀도 복싱 등의 피눈물 나는 하드 트레이닝으로

중략

일단 기본자세가 갖추어지면 세 겹 주름바지와, 니트, 주윤발 코트, 장군
의 아들 중절모, 목걸이 등의 의류 액세서리 등을 구비할 것
그 다음 미장원과 강력 무쓰를 이용한 소방차나 맥가이버 헤어스타일
로 무장할 것
그걸로 끝나냐? 천만에,
스쿠프나 엑셀 GLSi의 핸들을 잡아야 그때 화룡점정이 이루어진다
그 국화빵 통과 제의를 거쳐야만 비로소 압구정동 통조림통 속으로 풍덩

편입할 수 있게 되는 것이다

중략

투입구의 좁은 문으로 몸을 막 우겨넣는구나
글쟁이들과 관능적으로 쫙 빠진 무용수들과의 심리적 거리는, 인사동과
압구정동과의 실제 거리에 비례한다
걸어가면 만날 수 있다 오, 욕망과 유혹의 삼투압이여
자, 오관으로 느껴보라, 안락하게 푹 절여진 만화방창 각종 쾌락의 묘
지, 체제의 꽁치 통조림 공장, 그 거대한 피스톤이, 톱니바퀴가 검은 기름
의 몸체를 번득이며 손짓하는 현장을
왕성하게 숨막히게 숨가쁘게
그러나 갈수록 쎅시하게

바람이 분다 이곳에 오라
바람이 분다 이곳에 오라
바람이 불지 않는다 그래도 이곳에 오라.

2) 인정받고 싶어 하는 욕망

인간은 '외부의 평가'와 '인정'에 거의 절대적으로 영향을 받는다. 우리 내
면의 공허를 해갈시키기 위해 자신이 유명해지기를 원하고 언제나 자신의

존재를 드러내려 한다. 자신의 고유한 특성보다는 외부(사회)가 요구하는 것이 무엇이든 무의식적으로 그 가치에 자신을 맞추려고 노력한다.

진실로 인정받고 싶다는 욕망은 어리석은 것이며, 자신에게 주어진 한정된 시간과 에너지를 낭비, 소진시킬 뿐이다. 이러한 경향은 전 세계적으로 만연해 있고 지구는 커다란 정신병동으로 전락한지 오래되었으나, 이 문제에 대하여 근본적인 물음, 진지한 고민, 효율적인 대안은 전무하다.

3) 이득의 욕구

에고는 욕망을 달성하기 위해서 무엇이든 하지만 손해라고 판단되는 것에 대해서는 단호히 거절한다. 예외적으로 자신이 손해를 보더라도 양보하였다는 이미지를 구성원들에게 보여줌으로써 자신의 존재 이유를 드러내고 최소한 자신이 나쁜 구성원은 아니며, 잘하면 신뢰와 존경을 받을 수 있다는 얄팍한 계산이 깔려있는 경우이다.

4) 우월성 과시

에고는 자신이 누구보다도 선두에 있음을 좋아한다.

여성들은 소위 명품을 구입하여 자신이 타인보다 인격이나 교양까지도 우월하다는 것을 과시하고 입증하려고 노력한다.

남성의 경우 자동차를 새로운 것으로 바꾸거나 승진, 사업의 번창, 새로운 수입의 발생 등을 주변 사람들에게 자랑, 자신의 우월성을 인정받고 싶어 한다. 이런 '외적 가치의 노예' 상태는 전 지구의 병리적인 현상으로 일반화되어 있고, 그 누구도 이런 노예 상태에서 자유롭지 못하고 오히려 열광적으로 추종한다.

인간은 스스로가 우월하다고 믿기 때문에 자신을 과시하려는 함정을 눈치체지 못하고 있다. 이런 욕망은 아이러니하게도 정말로 자신이 누구인지를 알고 싶어 하는 깊은 욕구에서 발생하고 있는데, 단지 당신의 노력이 반대 방향으로 소진되고 있는 것이다.

[조주선사 일화]

어느 중이 대사에게 말했다.
"제가 장안에서 주장자를 비껴 메고 왔으나, 한 사람도 나를 건드리지 않았습니다."
대사가 답했다.
"그대의 주장자가 짧기 때문이다."
그 중이 말이 없었다.

* 이 책에 인용된 중국 선사(禪師)들의 일화는 《전등록(傳燈錄)》에서 발췌, 수록하였다.

5) 타인 비하

인간은 비리와 부패, 범죄, 폭력, 인종차별, 살인, 테러, 전쟁 등의 정보를 접하게 되면 '나는 아주 좋은 사람은 아닐지라도 저렇게까지 나쁜 놈은 아니야.'라고 생각한다. 인간은 타인의 약점이나 오류, 실수 등을 본능적으로 찾아내고 비난, 비판, 폄하함으로써 그 대상보다는 자신이 조금 더 낫다는 것을 스스로에게 납득시키려 한다.

주목할 만한 또 하나의 사실은 열악한 환경과 비참함, 고통 등 자신의 불행을 자신의 과시 수단으로 사용한다는 것이다. 그 기저에는, 자신은 이러한 어려운 삶을 견디며 자신의 몫을 훌륭히 감당하면서 살고 있다는 자기 비하의 과장에 의한 과시가 깔려있는 것이다. 예) 전역 후 남성들이 자신의 군대 생활이 타인들보다 훨씬 힘든 상황이었다고 자랑하는 행위 등

한편, 당신이 '갑'의 위치에 서 있다면, 그 '권력'을 너무나 쉽게 휘둘러 댄다. '을'의 불편함과 고통은 당신의 관심대상이 아니다. 예) 블랙 컨슈머(Black Consumer), 노쇼(No Show) 등

우리는 '갑'과 '을'의 위치 바꿈을 수시로 경험하지만, '역할 바꿈'이 우리에게 제공해주는 교훈을 수용하지 않고 어떻게 하면 나 자신이 항상 '갑'의 위치에 있을까에 대해서만 관심이 있다.

6) 가면

인간은 어떤 인물을 혐오, 저주하거나 심지어 죽이고 싶다는 생각이 들기도 하지만 급하게 그 생각을 부인하고, 다시 본래(?) 자신의 모습으로 복귀하려고 노력한다(학자들의 연구 결과에 의하면 정상적(?)인 사람들은 평생 동안 10번 정도의 자살을 꿈꾸고, 100번 정도의 살인을 상상한다고 한다). 이런 '새로운 가면의 착용'은 너무나 순식간에 이루어지는 자신에 대한 가장 심각한 기만행위이다.

얼굴은 거울을 통해서 실시간 확인할 수 있지만, 내면의 모습은 쉽게 드러나지도 않고 그것을 인식, 자각하려는 훈련을 당신은 단 한 번도 받아본 적이 없기 때문에 가면으로 위장하지 않은 내면의 민낯을 알기도 어렵고, 그것과 대면하려고도 하지 않는다. 왜냐하면 당신은 자신의 추한 모습을 보고 싶지 않기 때문이다.

사람들은 자신이 함량 미달(?), 기준치 이하(?)라는 사실을 인정하는 것이 너무나 힘겹고 고통스러운 일이기 때문에 우아하고(?), 품위 있고(?), 격조 높은(?) 가면을 쓰는 것을 좋아한다. 심리학자들의 연구 결과에 의하면 인간은 그런 가면들이 없으면 살아가기가 너무나 힘들 것이라고 지적한다.

가면만 바꿔 쓰기 때문에 어느 누구도 자신이나 타인의 얼굴을 알아볼 수 없다.

8. 안전, 안정의 욕구

1) 양면성

인류는 자신보다 상위일지도 모르는 혹은 만만할 수도 있는 외부의 포식자와 맞닥뜨렸을 때 맞서 싸우거나 도망을 치거나 두 가지 중의 하나만 선택할 수밖에 없었다. 자칫 생존에 치명적인 결과를 초래할 수도 있었기 때문에 인류는 대부분의 경우 에너지 낭비 ― 도망 ― 의 경우를 선택, 우선 피하고 보았다. 이것은 인류가 생존하기 위해서 절대적으로 필요한 것이었기 때문에 어쩔 수 없는 선택이었을 것이다. 또한 인류는 진화 과정에서 불안한 삶에 대한 '걱정의 관성' 때문에 안정의 욕구가 자연스럽게 생겨났다.

분노는 자신이 대적할 만한 다른 포식자들과 적대적인 타 집단들에 대해 자신의 안전을 확보하기 위한 대항의 수단으로 필요했을 것이고, 폭력성 또한 자신에게 위해가 되는 외부의 위협으로부터 스스로를 지키기 위한 최종적인 선택이었을 것이다. 부정적인 생각을 많이 하고 눈치 빠르게 상황 판단을 잘했던 우리 조상들은 생존율이 높았을 것이고 자신의 유전자를 후대에 성공적으로 물려줄 수 있었을 것이다. 인류는 동물적 유산인 눈치, 두려움, 분노, 폭력성 등과 협동, 배려의 미덕을 동시에 지니고 있는 존재이다. 이 상반돼 보이는 양면성은 인류가 생존을 위해 불가피하게 선택한 진화의 결과이다.

9. 투사(착각, 환상, 허구)

1) 시간과 공간

기억의 축적에 의해 형성된 '자기'라는 감각이 '나'라고 확신하기 때문에 인간들은 나이를 먹는다고 의심 없이 믿고 있다. 나이는 생각과 기억에만 의존하고 있는 관념에 불과하다.

인간이 시간이라고 느끼는 단독적인 실체는 존재하지 않는다. 우리의 '뇌'가 과거를 기억하고 비교, 분석을 통하여 계속적으로 반복되는 상황을 시간이라는 실체가 존재하는 것인 양 착각하고 있는 것이다. 우리는 항상 시간은 과거에서 미래로 진행된다는 단선적인 인식을 너무나 당연시한다.

시간은 흘러가는 것도 존재하는 것도 아니다. 존재 전체가 자신을 드러내기 때문에 시간이 있는 것처럼 우리에게 인식되지만, 존재계에는 시간이라는 것은 존재하지 않는다.

우리는 육체에 한정되어 있는 존재이기 때문에 육체가 점유하고 있는 공간을 너무나 확실(?)하게 인식하고 마치 공간이 실재하는 것으로 착각하고 있다. 만약 당신의 육체가 사라진다면 그 '공간'을 인식하는 주체는 과연 무엇일까?

우리는 스스로가 시간과 공간에 제약받고 있는 제한된 존재라고 추호의 의심도 없이 확신하면서 살아가고 있다.

2) 마야와 에고

우리는 외부의 사물을 볼 때 그 사물 자체의 본성, 즉 물성을 보는 것이 아니라 그 사물과 당신과의 관계인 과거 기억의 축적에 의해 발생되는 사고만을 볼 뿐이다. 당신이 외부세계를 제대로 바라보지 못하게 되면 이른바 마야[5]라고 하는 환상을 만들어낸다. 또한 내부에서 생겨나는 사념, 느낌, 감정들을 있는 그대로 바라보지 못하고 선택에 의한 집착과 거부가 에고를 만들어 내는 것이다.

우리는 외부에서 마야를, 내부에서 에고를 창조한다.

---

5. 실체를 보지 못하고 외형에만 집착하는 현상

3) 속도 ─ 착각

 빠르게 움직이는 자동차의 바퀴를 보면 거꾸로 돌고 있는 것처럼 보인다. 인간의 가장 예민한 감각기관인 눈은 영화의 필름을 연속적으로 이어지는 흐름으로 파악하지만, 필름과 다음 필름 사이에는 17분의 1초라는 짧은 '틈'이 존재한다.

 당신이 외부의 자극에 대해서 해석, 분류, 판단하고, 행위에 대한 결과를 평가, 축적하는 과정은 부지불식(不知不識)간, 너무나 짧은 순간에 움직여서 실재하지 않는 '나'─ 에고 ─ 라는 환상을 만들어 내고, 우리는 이 환상이 실재 '나'라고 확신하고 살아간다.

 인류 전체가 환상 속에서 살고 있기 때문에 누구도 자신이 환상 속에서 살고 있다는 것을 눈치 챌 수가 없다. 따라서 이 세상이 그저 꿈에 불과하다는 것을 알 수가 없고, 당신의 삶과 당신이 속해있는 사회 전체가 허상 위에 서 있는 실체 없는 허구라는 것을 눈치 챌 수도 없다.

4) 오래된 꿈 ─ 진보

 우리가 좋아하는 '진보'라는 단어는 마치 인류가 근사한(?) 목적과 목표를 향하여 고군분투하고 있다는 생각을 갖게 하지만, 이 단어는 인류가 스스로를 속이기 위해 창조해낸 오래된 허구이다. 우리의 노력(?)으로 제도나 이상, 종교 등 그 무엇이든 외부적인 상황은 조금씩 변화되겠지만, 내부는 항상 잠들어 있고 어떤 변화도 일어나지 않는다.

 내적 구조의 변화는 자연스럽게 외관을 변화시키지만, 그 역(逆)은 절대로 성립되지 않는다. 진보니 '성취'니 하는 것 등은 인간이 자신의 삶의 무게를 견디기 어려워하기 때문에 잠시의 위안이라도 받고 싶은 환영에 불과하다.

5) 허구적 공동체

우리가 알고, 느끼고, 접촉하고, 경험하는 것들의 실체는 모두 각각의 실질적이고 구체적인 개인들뿐이다. 개인은 막연한 추상적인 개념이 아니다. 우리는 국가와 민족, 사회, 종교 같은 개념 덩어리일 뿐인 허구를 구체적인 실체가 있는 존재인 것 같은 환상을 갖고 있다.

문화 인류학자들의 연구 결과에 의하면 국가 지도자들은 국민들이 '국가'라는 상상을 하도록 끊임없이 '상징'을 생산하고 연출해 낸다고 한다. 모든 구성원들과 지도자들이 최면술사이고 최면의 대상이 되는 양쪽의 역할을 동시에 수행하는 가해자와 피해자 둘 다이다.

6) 둔감함과 신비

당신이 원하는 새로운 외부의 자극은 당신의 마음이 비뚤게 외부에 투사되기 때문에 당신에게 신선하게 느껴지지 않는다. 곧바로 뻗은 나무 자를 물속에 넣어보면 약간의 굴절로 휘어져 보이는 것처럼, 당신의 투사는 외부를 왜곡시킨다. 당신이 기대와 두려움, 욕망 등으로 왜곡되어 있기 때문에 그것이 외부를 비뚤어지게 인식하게 되는 것이다. 당신은 해석과 비교, 평가 없이 소박하게 외부와 접촉하지 못하기 때문에 항상 불만스럽다.

바람, 꽃, 향기, 계곡의 물소리, 소나기……. 이 모든 것이 그것 자체로 아름답고 경이로우며 신비인 것이다. 당신은 이 엄청난 신비를 바라보고 즐길 수 있는 투명하고 순수하며 단순, 소박한 '눈'이 없기 때문에 항상 또 다른 자극을 찾아 헤맨다.

10. 군중심리

1) 다수에 의한 확신의 오류

인간들은 선호하는 것과 소중하다고 생각하는 것, 다수의 사람들이 인정하고 있는 것들에 대해 자신이 잘 알고 있다고 확신하고 싶어 한다. 예를 들어 '자신의 생존은 어떤 가치보다 우선하며, 옳은 것이다.'라는 것은 모든 사람들이 암묵적이고 본능적으로 인정하는 것이다. 관점을 조금만 바꿔보면 당신 육체의 생존을 위해서 매 끼니마다 희생되는 많은 생명체는 어떻게 되는 것인가?

거의 모든 대중들이 공감을 갖는 가치가 오류일 수도 있다는 것을 확인하기는 대단히 어렵다. 우리는 대중들이 선호하거나 확신하는 가치에 대해서는 저급한 차원의 대중심리에 편승하면서 그것으로 자신을 합리화한다.

2) 공동체와 내면의 군중들

　인간은 혼자서의 생존이 불가능하기 때문에 공동체 내에서 삶을 영위할 수밖에 없다. 공동체는 외부인들의 반대 의견에 당신이 노출되는 것을 방지해주고 그것을 주체적(?)으로 무시하거나 거부하게 만들어 줌으로써 자신이 소속되어 있는 집단 내의 결속을 강화시켜준다. 동일한 가치들을 상호간에 이해해주는 공동체가 제공해주는 편안함과 기쁨, 안정감은 인간이 거부할 수 없는 본능적인 성품이다. 이러한 집단 내의 자부심과 신뢰의 증대는, 사회적으로는 자신의 삶에 대한 확신을 높여준다. 그 누구도 이런 공동체의 집단의식을 거부할 수 없다.

　이런 유효성에도 불구하고 공동체의 역기능으로는 그 집단에 매몰되어 버리면 자기 자신을 스스로 들여다 볼 수 없으며 또한 타 집단에 대해서는 무시나 거부, 심지어 공격적인 태도를 취하게 되고 자신의 공동체가 유일한 선(善)인 양 착각하게 된다. 자신이 마취되어 있다는 것을 결코 알 수 없기 때문에 그 마취에서 깨어나려고 시도조차 할 수 없다.

　현대인들이 즐겨 마시는 '커피'를 보면, 그것의 원산지와 종류, 채취하는 시기와 방법, 제조과정 그리고 채취하는 사람들의 노동력 착취, 다국적 기업의 영업행태, 운송방법, 각 나라에서의 가격의 차이, 그 커피를 즐겨 마시는 유명인사들과의 일화 등 이 모든 것을 취합하면 단순한 음료인 커피에 관해서 책 한 권도 모자랄 정도의 정보가 존재한다. 하물며 이 세상에 존재하는 정보의 양은 도대체 얼마나 될 것인가. 당신의 '뇌'에는 스스로 선택하고 수용한 외부적인 정보들로만 가득 차있다. 당신의 마음은 외부에서 주입된 엄청난 양의 '군중'들이 쉴 새 없이 떠들어대고 있지만, '당신

내면의 목소리'는 철저하게 외면당하고 있다.

니체는 군중들을 '낙타'[6]라고 통칭했다. 낙타는 40일간 물을 안 마셔도 생존할 수 있으며, 자신의 등에 어떤 짐을 지고 있는지 관심이 없으며, 알려고도 하지 않는다. 그저 자신의 주인인 대상 – 당신의 경우는 에고 – 이 끌고 가는 데로 A에서 B로, 다시 B에서 A로 반복되는 여정을 계속한다.

기존의 사회체계와 가치를 부정하고 반항하며 지성을 발휘하여 자신의 고유한 정체성을 찾으려고 시도하는 '사자'의 단계로 나아가는 낙타는 100마리 중 1마리도 후한 숫자이다. 거의 100%가 낙타라고 해도 지나친 표현이 아니며, 천명 혹은 만 명 중에 1명이 낙타에서 사자의 단계로 진입하는 데 성공할 뿐이다.

완전무장

김중식

낙타는 전생부터 지 죽음을 알아차렸다는 듯
두 개의 무덤을 지고 다닌다
고통조차 육신의 일부라는 듯
육신의 정상에
고통의 비곗살을 지고 다닌다

---

6. 니체가 인간들을 분류한 3단계 : 1. 낙타, 2. 사자, 3. 어린이

전생부터 지 수고를 알아차렸다는 듯

고통 받지 않기를 포기했다는 듯

가능한 한 가느다란 장딴지를 달고 다닌다

짐이 쌓여 고개가 숙여질수록 자기 자신과 마주치고

짐이 더욱 쌓여 고개가 푹 숙여질수록 가랑이 사이로 거꾸로

보이는 세상

오, 그러다가 고꾸라진다

과적 때문이 아니라 마지막

최후로 덧보태진 그까짓, 비단 한 필 때문이라는 듯

고꾸라져도 되는 걸 낙타는

이 악물고 무너져버린다

죽어서도

관 속에 두 개의 무덤을 지고 들어간다.

11. 자기방어

오류나 실수는 누구에게나 일어날 수 있지만 본인은 인정하려 하지 않는다. "약간의 오차가 있었을 뿐이야.", "그 정도의 실수는 별것도 아니잖아.", "시간이 지나면 내가 옳았다는 것이 밝혀질 거야." 등의 변명을 시작한다. 이런 반응은 거의 본능적이고 너무 자주 발생한다. 당신의 변명이나

핑계가 더 이상 설득력이 없다고 판단되는 마지막 순간에 도달해서야 그 실수나 오류를 마지못해 인정한다.[7]

이러한 회피는 당신이 받게 될 심리적 고통이나 고립감에서 오는 데미지를 어느 정도 완화해주는 충격 흡수 장치로 기능한다. 이런 '심리적 자기 보호 본능'은 견디기 힘든(?) 고통에서 당신을 방어할 수 있는 에고의 능력이다.

자신의 잘못을 직시하고 인정하는 솔직함, 개방성, 포용성, 겸손함을 보여주면 문제는 너무나 쉽고 간단하게 해결된다. 주변 사람들과의 친밀감과 유대감 등의 상승으로 인한 장점이 훨씬 많아지기 때문에 우리는 이성적이고 합리적으로 '오류'를 인정하고 싶어 한다. 그럴지라도 감성적이고 원초적인 본능은 에고 자신에게 불리한 상황이면 무엇이든 거부하며 인정하려고 하지 않는다.

에고는 자신의 판단이나 행위가 조롱당하거나 모욕당하게 되면 그 반작용으로 자신의 입장을 더욱 강화시킨다. 당신에게 거슬리는 용어들을 사용한 사람이 왜 그렇게 느끼게 되었는지, 왜 그 말을 해야만 했는지에 대해서는 전혀 고려되지도 않고 관심의 대상도 아니다. 그저 그 단어에 얽매여서 상대의 의견과 주장은 잘못된 것이라고 확신하면서 자신을 설득하고 합리화한다.

오류의 불인정과 자신의 가치관에 대한 근거 없는 믿음은 우리가 문제를 직시하고 교정하여 보다 성숙한 존재로 성장할 수 있는 기회를 봉쇄한다. 또한 기본적인 솔직함과 책임감을 상실하게 되어 상황을 더욱 악화시키고

---

7. 《오류의 인문학》, 캐서린 슐츠

자신을 더 어리석고 미숙한 존재로 전락시킨다.

자기방어는 처음에는 자기합리화에 빠지고 시간이 지나면 자신에 대하여 깊은 실망을 초래한다. 타인과의 관계에서도 당신에 대한 신뢰가 붕괴되고 상실되는 악영향을 끼치게 된다.

1) 편향성

우리가 어떤 문제에 봉착하면 그 문제의 해결을 위해서 발생 원인과 본질을 파악하기 위한 관련된 자료를 수집, 분류, 정리하여 실마리를 찾고자 한다. 우리는 자료들의 중요성의 정도에 따라 그것들을 객관적으로 선택한다고 확신한다. 그러나 우리는 자신들의 믿음에 반(反)하는 증거나 탐탁치 않은 자료보다는 자신의 믿음을 확증시켜 주는 것들을 더 중요시하는 경향이 무의식적으로 강력하게 작용하지만, 이것을 인지하지 못하고 설령 약간의 '눈치'를 채더라도 그런 오류의 가능성은 무시되기 일쑤이다.

인간은 가끔은 합리적인 동물이지만, 자신을 합리화하는 데는 아주 뛰어난 재능을 지닌 존재이다.

이 시대의 죽음 또는 우화

오규원

죽음은 버스를 타러가다가

걷기가 귀찮아서 택시를 탔다

나는 할 일이 많아
죽음은 쉽게
택시를 탄 이유를 찾았다

죽음은 일을 하다가 일보다
우선 한잔하기로 했다

생각해 보니 전에 우선 한잔하고
한잔하다가 취하면
내일 생각해 보기로 했다

중략

술을 한잔하다가 죽음은
내일 생각해 보기로 한 것도
그만 두기로 했다

술이 약간 된 죽음은
집에 와서 TV를 켜놓고
내일은 주말여행을 가야겠다고 생각했다

건강이 제일이지-

죽음은 자기 말에 긍정의 뜻으로

고개를 두어 번 끄덕이고는

그래, 신문에도 그렇게 났었지

하고 중얼거렸다.

12. 종교

예수와 같은 영적 스승이 사망하면 제자들이나 신학자들이 어록이나 설법들 중에서 자의적으로 해석한, 자신에게 유리한 주석을 붙여서 논리를 전개하면서 자신의 위치를 공고히 한다. 잘못된 해석과 종교를 이익 집단화한 성직자들은 '진정한 종교의 적'임에도 불구하고 오히려 종교의 관리자가 되었다. 그들 모두는 진리에 대한 체험뿐만 아니라 관심과 탐구는 눈곱만큼도 없고 자신의 위치, 세력, 조직의 확장에만 관심이 있을 뿐이다.

깨달음에 대한 체험이 없는 종교는 모두 사이비, 거짓 종교이며, 이런 종교를 군중들에게 강요하고 믿음을 세뇌시키는 모든 성직자들은 인간의 순수한 영혼을 이용하여 종교 장사를 하는 사기꾼이다.

1) 경전의 무오류(無誤謬)

노자와 장자, 붓다의 가르침의 일부분은 비교적 원형 그대로 전해졌고 지금까지도 그 명맥을 유지하고 있다. 그러나 기독교의 신약은, 예수의 육성은 거의 사라지고 없으며, 예수 사후에 제자들에 의해 기록되었거나 다른 집필자의 의도에 의해 조작, 첨, 삭, 윤색되었고, 심지어 예수를 만나본 적도 없는 사람이 예수 사후 수세기 이후에 집필한 것도 있다.

신학자들은 1945년 이집트에서 발견된, 학계의 비상한 관심을 끌었던 도마복음이 예수의 육성에 가장 근접하고 있는 실질적인 복음서라는 연구 결과를 내놓았다. 그러나 이 복음서는 가톨릭이 로마에서 국교로 인정될 때 외경(外經)으로 낙인찍혀서 공식문헌에서 사라졌다.

많은 신학자들이 신약에 수록된 복음서들을 비교하여 보면 수천가지의 차이점과 오류가 발견된다고 한다. 그러나 일부 성직자들은 아직도 자신들의 믿음의 근간이 되는 경전에는 오류가 존재하지 않으며, 신약 성경은 단 한 글자도 틀린 것이 없다는 무오류설을 주장한다. 성직자 자신들이 도저히 해석할 수 없는 도마복음은 로마시대와 동일한 이유인, '위경(僞經)'이라 논할 가치가 없다는 유치한 궤변을 늘어놓는다.

성직자들은 자신들이 체험해보지 못했고, 따라서 절대로 이해할 수도, 결코 알 수도 없는 '진리'가 존재한다는 사실을 인정한다는 것 자체가 자신들이 여태까지 믿어왔던 그들 종교의 붕괴를 의미하기 때문에, 그런 진실을 인정할 만한 수용적인 태도를 가질 수 없는 것이다.

2) 배타적 선민의식

힌두교, 불교 등을 제외한 가톨릭과 개신교, 이슬람교, 유태교 등 지구상의 거대 종교집단들은 유일신을 믿고 숭배한다. 신에 대한 탐구를 추구하는 것이 아니라, 그 신에 대한 무조건적인 복종과 믿음을 강요한다. 다른 종교들에 '악마'라는 딱지를 붙임으로써 개종 불가, 신자들의 강력한 결집성, 문제 제기나 비판의 기회 박탈, 성직자들에 대한 거의 절대적인 복종, 신앙의 내용이나 대상에 대한 광적인 집착 등 거의 절대적인 폐쇄성을 키워왔다.[8] 또한 신이 선택한 민족, 신자라는 신민의식(神民意識)을 신도들에게 주입하였다.

믿음이 자리 잡는 순간 자신의 종교에 대한 의문과 인간의 의식 탐구는 종료된다.

3) 믿음

에고가 외부의 자극에 대해 성급하게 확인하고, 믿음을 형성하고, 확신을 갖기를 원하는 것은 귀찮게(?) 회의를 품거나 의문을 제기하는 번거로움(?)을 덜어내려는 술수이다. 우리의 뇌가 믿음과 어떤 연관성이 있는지 연구해온 라이오넬 타이거와 마이클 맥과이어의 공저인 《신의 뇌(GOD'S BRAIN)》의 결론을 옮겨 놓는다.

우리(저자들) 주장의 핵심은 모든 사람들은 '뇌'를 달램으로써 그런 불쾌한 상태를 벗어나려 한다는 것이다. 뇌는 의심하는 것보다 믿는 데서 편안함을 느낀다. 믿음은 우리가 자주 무시하는 뇌의 편견에 의해서 지속된다. 편견 때문에 뇌는 자신의 믿음에 어긋나는 생각이나 정보를 거부한다. 일단 뇌가 교

---

8. 《신의 뇌》, 라이오넬 타이거, 마이클 맥과이어

리와 신의 존재를 믿게 되면, 특히 경전의 해석, 영적 구속, 행동 규범과 관련된 기만에 속기 쉬워진다.

교회에서 부흥회나 종교 의식을 빈번하게 실시하는 이유는 사실상 신도들의 뇌를 달래서 지속적으로 만족시키기 위한 것이다. 신과 호혜관계(互惠關係)를 형성하면, 기만에 대한 우려가 사라진다. '설마 신이 속이기야 하겠는가.'

기도는 뇌가 활성화되어 감정 조절과 사고, 인식기능, 기억력이 향상되고, 자신의 뇌와 마음을 달래고 적극적으로 변화시키려는 노력이다. 신을 만나는 행위가 아니다. 종교적 믿음은 그 근원이 무엇이든 간에 경전에 기록된 것, 성직자가 말한 것, 신앙인들 사이에 전해지는 것 그리고 사람들이 믿는 것을 말한다.

뇌는 세상을 해석하고 재구성할 때 정보를 거른다. 뇌가 원하는 스토리만 선택되어 살아남는다. 뇌는 달콤한 생각에 즐겁게 반응한다. 의심의 여지없이 뇌는 본래부터 믿음을 갖게끔 되어 있다. 뇌는 모호함과 불확실성을 피하고 해답, 구체성, 예측가능성을 좋아한다. 모든 사회는 '뇌를 위안할' 방법을 고안하고 그 방법을 지속적으로 유지하려고 한다. 이 일에는 언제나 종교가 관련되어 있다.

우리는 무엇인가를 두려워하게 되면 그 두려움을 해소하기 위하여 믿는 것이며, 진실을 직시하지 않고 비현실적인 환상 속으로 도피하고 싶어 할 때 '신앙'과 '믿음'이 필요한 것이다. 믿는다는 것 자체가 두려움과 의심, 무지가 존재한다는 것을 반증하는 결정적인 증거인 것이다.

믿음은 의심과 회의에 대한 반작용으로 우리의 마음속에 강제적으로 이식된 것이다. 믿음은 체험이나 '앎'이 아니다. 믿음의 치명적인 장애물은

'탐구'를 포기하도록 유도하는 것이다. '믿음'으로써 천국과 구원에 이를
수는 결코 없다. 절대로 불가능하다.

주꾸미

한승원

세상에서 제일 미련한 것은 주꾸미들이다
소라껍질에 끈 달아 제 놈 잡으려고
바다 밑에 놓아두면
자기들 들어가 알 낳으면서 살라고 그런 줄 알고
태평스럽게 들어가 있다

중략

주꾸미보다 더 민망스러운 족속들이 있다
그들은 자기들이 만든 소라고둥 껍질 속에 들어앉은 채
누군가에게 자기들을 하늘나라로 극락으로 데려다 달라고 빈다.

4) 종교가 주는 위안

신앙생활을 하는 거의 모든 신도들이 원하는 것은 너무나 단순한 것들이다.

세상의 거대 종교의 폐해에도 불구하고 종교가 제공해 주는 에고에 대한 위안을 살펴보면 다음과 같다.

첫째, 온화하고, 편안하며, 반복적인 교류는 인간의 생화학적 체계에 불길한 공포감을 없애준다. 둘째, 종교 의식(儀式)은 신체를 편안하게 해주는 효과가 있다. 거품, 보호막으로 작용한다. 셋째, 믿음은 사회적 삶의 복잡성 때문에 초래되는 모호함과 불확실성을 효과적으로 제거해 준다.

수많은 종교가 운명이라는 관념을 믿고 있는데 이러한 관념에는 좋은 면도 있는 것이다. 즉, 당신의 이완을 도와주고, 당신이 존재(神)를 신뢰하고 걱정하지 않도록 도와주기 때문이다. 나쁜 면은 당신을 게으르고 비열하게 만들며 당신을 노예화하고 굴욕을 받아들이도록 강제한다.[9]

---

9. 《오류의 인문학》, 캐서린 슐츠

1. 집착

새로운 제자가 변명조로 말했다.

제자 : 이렇게 빈손으로 왔습니다.

조주(趙州) : 그렇다면 거기 내려놓게!

제자 : 아무것도 갖고 오지 않았는데 무얼 내려놓으라는 말씀입니까?

조주(趙州) : 그럼 계속해서 들고 있게나.

1) 매몰 비용

몇 십 년에 걸쳐 시간과 노력을 투자해서 많은 정보, 지식, 경험의 통합으로 자신이 최고(?)라고 간주하는 자신만의 가치관에 대한 집착은 너무나 강하다. 그 가치관에 반(反)하거나 비난하는 사람들에 대해서는 방어 및 공격을 즉각적으로 시행하는 것이 인간의 본능이다.

당신이 투자한 '매몰 비용'이 클수록 그 가치관을 객관적이고 다각적인 방면으로 의심해 보는 지성적인 단계로의 진입은 거의 불가능에 가깝다.

2) 종교적 자아에 대한 집착

종교가 없는 사람들을 제외하고 인간은 수태시기 때부터 어떤 종교가 강제(특정지역)되거나 삶의 어느 시기에 자신이 종교를 선택하고 그 교리를 수용하여 그 종교의 신자가 되는데, 이는 보통의 자아(Ego)가 아닌, '종교적 자아' 혹은 '영적 자아'로 불린다. 이 자아는 타인과의 관계가 아닌 유일하고 전지전능하며 '우주'와 '나'를 창조한 절대적인 신과의 관계에서 탄생한 자아이다(불교처럼 자신의 본성을 발견하고자 하는 고급 종교도 존재한다).

인간들이 저지르는 '종교적 자아', '영적 자아'에 대한 우매한 집착은 광기의 최고조를 보여주며, 역사가 보여주는 '피'의 종교 전쟁 드라마를 끊임없이 재생산해 내고 있다. '종교적 자아'와 '영적 자아'에 대한 집착은 교정되거나 제거될 수 없는 인류가 해결할 수 없는 숙제이다.

3) 죽음과 윤회

죽음은 피할 수 없는 것이고, 전체적인 순환의 일부이며, 존재가 유기적인 조화를 이루기 위해서 반드시 필요한 것이다. 인간은 이 몸이 죽지 않고, 삶이 계속되기만을 바라고, 그 방법을 찾고자 한다. 죽음의 두려움으로부터 자신을 보호하고, 위안하고, 안심시켜줄 수 있는 필요성 때문에 인류는 종교 – 神 – 를 창조(?)하였다 .

실제로 죽음은 존재하지 않고 죽음에 대한 두려움만이 존재한다. 왜냐하면 육신의 기능 정지를 두려워하는 것은 '자신'이 아니고 에고이기 때문이다. 이 에고가 당신으로 하여금, 죽음은 당신이 영원히 소멸될 것이라는 착각을 불러일으킨다. 육신의 기능이 정지하면 당신이 정말로 해보고 싶었던 욕망의 덩어리들이 낡은 육체를 떠나서 다음번 생(生)의 여행을 위한 새로운 육신을 탐색하게 된다.

특정한 지역에서 태어난 아이들은 현세의 삶이 경제적으로 궁핍하고 육체적으로 힘든 삶을 살지라도 이번 생에서 선행, 자비, 진실한 신앙심, 신에 대한 희생, 헌신과 숭배, 봉사 같은 공덕을 쌓으면 다음 생의 보답은 더욱 복되게 나타날 것이라는 생각을 갖고, 다음 생에 대해 집착하게 된다. 이러한 집착은 이번 생의 고단함을 견디고, 희망을 갖고 살아갈 수 있는 싸구려 일회성 위안을 주지만 이번 생에서의 노력과 탐구의 과정을 가로막는 장애물로 작용한다.

임사체험은 육체가 그렇게까지 중요한 것은 아니라는 좋은 경험을 제공하지만, 그 체험자의 다음 생에 대해서 종지부를 찍어주지도 못하며, 이번 생에서 육신을 통하여 무엇을 탐구해야 하는가를 알게 해주는 것도 아니며, 영적 수준을 고양, 성숙시켜주는 것도 아니다.

원하는 만큼 삶에 대한 기회는 계속 제공되겠지만, 당신은 매번의 생에서 항상 미숙하고 유치한 채로 남을 것이고, 질리지도 않으면서 윤회를 반복할 것이다.

4) 식탐

인간은 위장의 3분의 2 정도만 채우고 약간의 공복(?)을 유지하여야만 몸 전체 기능이 원활해지고, 정신도 맑아지며, 뇌의 활동도 활발해진다고 한다. 소식은 당신의 그 대단한(?) 육신의 생존 때문에 살육당하는 수많은 생명체의 일부를 구할 수도 있을 것이다. 평생 그렇게 많은 생명체들을 살육하여 먹어 치우면서 당신을 위해 희생한 그들에게 감사함이나 미안함을 느껴본 적이 있는가? 그런 자각조차 없으니 그저 먹고 또 먹고 다이어트한다고 법석을 떨고, 제한된 시간에 얼마나 빨리, 많이 먹는 시합을 하는, 정말 어리석기 그지없는 행위를 자랑스럽게 열고, 즐기고, 낄낄거린다.

지하철에서 1

최영미

전략

밥벌레들이 순대 속으로 기어들어가는 것을

쥐

김기택

전략

사람이나 고양이의 잠을 깨울

가볍고 요란한 소리들은 깡통 속에
양동이 속에 대야 속에 항상 숨어 있다
어둠은 편안하고 안전하지만 굶주림이 있는 곳

중략

꾸역꾸역 굶주림 속으로 들어오는 비누조각
비닐봉지 향기로운 쥐약이 붙어 있는 밥알들
거품을 물고 떨며 죽을 때까지 그칠 줄 모르는
아아 황홀하고 불안한 식욕

2. 의존(노예화)

인간은 스스로 부족하다는 결핍의식이 무의식중에 뿌리 깊게 박혀 있어서 보다 성숙한 존재로의 향상을 꿈꾼다. 부와 지위, 권력, 명성을 얻으려는 모든 행위들은 자신에 대한 확신과 심리적인 안정감, 주변과의 우호적인 관계를 통한 안도감과 자기만족을 위한 필수적인 요소이다. 당신은 외부와 타인에게 종속되어 있다.

1) 고착화된 규칙

○○미술관 전시실에서 해설사의 설명을 들으며 관람하다가 물을 마셨는

데 한 여성이 정색을 하면서 "여기서 물을 마시면 안 돼요."라고 해서 일단 중지하고 관람이 끝난 후에 안내원에게 물어보았다. "주말에 가족단위의 관람객들이 오면 아이들이 뛰어다니고 사람들과 부딪치면 물이나 음료수를 쏟을 수 있는데 혹시라도 작품에 튈까봐 그런 규칙을 만들었다."라는 대답이 돌아왔다. 그날은 주말도 아니고 전시실에 아이들도 없었으며, 나는 뚜껑이 달린 물병으로 물을 마셨을 뿐인데……

왜 만들어졌고 어떤 상황에서 그런 규칙들이 유효하고 또는 불필요한지 망각한 채 일단 정해진 규칙은 지켜지고 따라야만 모범적인 시민의 상이고 인간다운 품위를 유지할 수 있다는 듯이 행동한다. 소위 상식, 규칙이라고 하는 것들은 몽땅 사회가 주입한 것 그리고 대중들이 지켜야만 하는 것으로 우리를 교묘한 노예상태로 만들어가는 인식하기 어려운 감옥이다. 이런 감옥들에 대해 우리는 너무나 익숙해져서 본질은 호도되고 그저 껍데기만 남은 규칙들을 지키는 것이 최상이라고 생각한다.

2) 의존적 결정

화재, 선박 침몰 등 비상사태 시에 비상구 표시가 여러 곳에 있음에도 불구하고 자신의 판단으로 움직이지 않고 많은 사람들이 뛰어가는 방향으로 따라간다. 당신의 생명이 달린 문제임에도 불구하고 올바른 방향인지 확인하지도 않은 채 부화뇌동(附和雷同)한다.

당신은 "나를 따르라."고 강력하게 외치는 지도자를 추종하지 "당신의 결정을 신중히 고려하여 선택하라."는 등의 미지근한(?) 제안을 하는 지도자를 선택하지 않는다. 그 지도자는 입만 가지고 당신을 좌지우지할 수 있다.

3) 타인에 대한 기대

타인에게 기대하는 모든 것은 그저 희망일 뿐이며, 당신의 의존성은 증대되고 간혹 그 기대가 충족되더라도 일시적인 만족감을 줄 뿐 또다시 당신은 타인에 대해 실망한다. 당신은 타인들의 인정을 받기 위해서 고군분투하지만, 그 타인들도 또 다른 누군가로부터 인정받기 위해 똑같이 노력하는 어리석은 낙타들일 뿐이다.

당신과 타인들 모두는 기대, 희망, 인정이라는 원주를 열심히 뛰고 있다. 원의 중심에 도달할 수 있는 가능성은 전혀 없다.

4) 역행(逆行)

창조적인 행위의 배경에는 역발상이라는 수식어가 따라붙는다.

당신은 "어제는 오른손으로 식사를 했으니 오늘은 왼손으로 해볼까?", "식사 후 화장실에서 왼손으로 휴지를 사용해 볼까?", "어제는 양손으로 세안을 했으니 한 손으로만 해볼까?", "출근할 때 오른쪽은 검은색구두, 왼쪽은 갈색구두를 신어볼까?", "오른쪽 손목에 시계를 차볼까?", "삼복더위에 승강기 대신에 사무실까지 계단으로 걸어서 올라가볼까?", "매일 먹는 점심식사 오늘은 하루 굶어볼까?", "퇴근 후 회식자리에서 오늘은 술은 전혀 마시지 말고 식사만 하고, 상대방의 이야기에 맞장구나 추임새를 넣지 않고 그저 조용히 있어볼까?", "귀가 후 뉴스 시청 대신에 뒷동산에 올라 별구경이나 해볼까?", "앉아서 자볼까?" "저주스러운(?) 스마트 폰

오늘은 전원을 끄고 구석에 처박아 놓고 눈길도 주지 않아 볼까?"라고 단 한 번이라도 생각해본 적이 있는가?

앞에 열거한 예는 회사원들에게는 말도 안 되는 소리지만, 우리는 시도는 고사하고 생각조차 해보지도 않은 것들이 있다는 것을 전혀 눈치 채지 못하고 있다. 우리는 행동뿐만 아니라 사고조차도 반복에 의한 중독된 노예임을 자각하지 못하고 있다.

3. 고독

1) 내면의 공허 메우기

공허함의 느낌은 피하려고 하거나, 무시하거나, 억압하여도 절대로 사라지지 않고 그림자처럼 당신 곁에 머물고 있고, 그 외로움을 해소하기 위해 다음과 같은 방법을 사용한다.

첫 번째는 가장 쉬운 방법으로 명품이나 신상품들을 구입함으로써 무언가 만족된다는 느낌을 받고, 자신을 과시할 수 있는 2중의 효과를 얻을 수 있다.

두 번째는 익스트림 스포츠나 도박, 술, 섹스, 마약 등과 같은 새로운 오락거리를 찾아다닌다. 이런 것들은 자극의 강도가 강할수록 당신이 느끼는 공허함을 일시적으로 잊게 해준다.

세 번째는 외부의 문제에 관심을 갖는 것이다. 그 문제들은 내용에 관계없이 관심을 조금만 할애하면 당신의 고독한 감정을 해소시키고, 작은 연대감이 형성되고, 당신의 노력을 통하여 그 문제가 개선, 해결되고 있다는 성취감과 만족감을 느낄 수 있다.

네 번째는 자신과 소통할 수 있는(?) 타인들과의 특별한 '관계 맺기'이다. 이 집단, 저 단체를 기웃거리고, 그곳에 소속되기를 원한다.

다섯 번째는 이성간의 관계이다. 자신의 고독함을 스스로 해소하지 못하는 상호 비참한 두 남녀가 사랑 속에서 깊은 허전함과 만족감 모두를 온전히 누릴 수 있겠는가.

여섯 번째는 소위 지식인이라고 불리는 소수의 사람들은 지식이나 정보에 관심을 갖고 그것들을 수집한다. 그들은 '지식의 포만감'과 '자신의 과시'를 느낄 수 있게 된다.

위에서 제시한 몇 가지 방법들은 모두 일시적인 고독감을 해소시켜주는 순기능의 역할이 있지만, 그 시간은 너무 짧고 당신이 투자해야 하는 시간, 노력, 에너지는 너무 많다. 당신은 자신의 고독감과 마주대할 시간도, 필요도 못 느끼게 된다.

2) 영혼의 존재

인간은 육신과 영혼이 공존하는 존재라는 사실을 완벽하게 망각하게 되었다. 인류는 몸과 자신을 철저하게 동일화시켰고, 영혼은 종교적 말장난의 그림자가 되었다. 인류가 육신 외에 영혼이 존재해야만 한다는 희원(希願)은 단지 희망사항일 뿐이다.

인류는, 과거 어느 시기보다 안락하고 풍요로운 물질적 삶을 영위하고 있음에도 불구하고 인간의 내면은 여전히 가난하고, 심리적인 안정감과 평화로움은 오히려 현격히 줄어들고 있다. 인류의 거의 대부분은 '영혼의 존재'에 대해 전혀 알지 못하고 있다. 이것이 '내면의 가난함'의 근본 원인이다.

4. 불안

1) 계속 움직임

우리는 인간의 표현 욕구와 예술가들의 고민, 고통을 통한 노력과 창조의 결과가 예술과 문화를 탄생시킨 것이라고 단 한 번의 의심도 없이 수용해왔다.

영국 특수부대의 훈련과정에 독특한 프로그램이 있다고 한다. 특수 부대원이니까 당연히 육체적으로 고된 훈련이 계속될 것이다. 어느 날 부대원들이 어떤 건물 앞에 도착하여 각자의 군장을 내려놓고 일정한 횡대간격으로, 그 건물의 외벽을 바라보며 앉게 한다. 지휘관은 어떤 명령도 없이 그저 침묵한 채 부대원들의 등 뒤에서 묵묵히 바라보기만 한다. 그러면 부대원들은 미동도 없이 건물 벽을 계속 바라보는 훈련을 한다. 부대원들은 어떤 명령이 하달될 것으로 예상하나, 침묵만이 계속된다. 그 부대원들 모두의 경험담은 그 어떤 육체적 고된 훈련보다 그 '침묵과 면벽'의 시간이 더 힘들었다고 한다. 움직임이 없는 대상을 앉아서 아무것도 하지 않은 채 바라본다는 것은 너무나 힘든 심리적인 고통이라는 것이다.

인류는 움직이는 물체인 상위포식자들과 사냥감들, 혹은 타 집단의 적들에 집중해야만 했고 몰두할 수 있었으나, 정지된 물체에 대해서는 집중도 몰두도 할 수 없게 진화해왔다. 이는 고대벽화에서부터 문화의 막내이자 총체라고 일컬어지는 영화에 이르기까지 인류가 창조한 모든 예술과 문화, 그것이 무엇이고 어떤 분야이건 간에 인간이 가만히 있지 못하고 무엇인가를 해야 하는 습성, 변화에 대한 욕구와 새로운 것들에 대한 호기심, 지루함을 견디지 못하는 경향의 우발적인 조합에 의하여 생겨난 결과물일 뿐이다(진화심리학자들의 보고에 의하면 인류는 2가지 원숭이적인 유산[10]이 인류에게 유전되었기 때문이라고 한다).

2) 여가

예기치 않았던 여가의 시간이 생기면 처음에는 휴식을 즐기겠지만, 이내 그것은 당신을 괴롭히기 시작한다. '무엇인가를 해야 하지 않을까?' 하고 육체와 더불어 안정되지 못하고, 신문이나 잡지, TV, 컴퓨터, 스마트 폰 등 그 무엇이라도 자극을 찾게 된다.

당신이 여가 시간을 그저 무위의 상태로 있지 못하는 것은 시간과 삶을 낭비하는 것이라는 주입된 강박관념과 쉼 없이 움직이는 원숭이적인 유산 때문이다. 당신은 평생 휴식할 수 없다. 고갈된 에너지의 재충전 없이 어떻게 창조적인 작업을 할 수 있겠는가.

---

10. 원숭이적인 유산 : 1. 잠시도 가만히 있지 못한다. 2. 통제, 억압하면 더욱 거세게 반항한다.

5. 관계

1) 관계유지

표면적이고 덕담과 같은 칭찬과 겉꾸밈에 불과할지라도 상호간에 서로 불편함이 없는 유쾌함과 만족감을 주고받는 관계라는 것이 확립되지 않은 관계는 흔들리고 불안정해지며, 심하면 붕괴된다. 가족이나 친구들은 사회생활에서 만나게 된 이익집단의 구성원들보다는 그 허용 폭이 조금 넓을 뿐이다.

지속적으로 심리적인 부담을 주고 압박을 행사하거나 금전적인 손해로 데미지를 준다면 당신은 그 관계를 포기할 뿐만 아니라 한국식 표현인 '원수'라는 심한 적대감을 갖게 된다.

인간은, 표면의식에서는 자신을 선한 존재로 드러내려고 노력하지만, 무의식 속에서는 자신의 심리적인 안정에 대한 욕구와 물질적인 손해에 대한 거부가 자리 잡고 있어서 2개의 층이 충돌하게 되면 어떤 결과가 초래될지는 뻔한 일이다.

2) 말없음

당신이 주변 사람들 혹은 지인들과 카페와 같은 실내공간에서 스마트폰을 꺼내들지 않고 일정시간 상호 침묵하는 시간을 어색해하지 않고 서로 즐길 수 있다면, 상호관계는 매우 친밀하다고 할 수 있다. 잠시의 침묵을 견디지 못하고 즐길 수 없다면, 친밀하지 않는 관계이다. 침묵의 불안을 견디지 못하는 거의 모든 에고들은 심리적으로 미성숙한 수준이다.

3) 남과 여

　이성간의 사랑은 짧은 순간 가슴을 설레게 하고, 일시적으로 각성되어 있어서 집중과 창조적인 사고 그리고 행위들이 자연스럽게 생겨난다. 그때 당신은 최초로 '자신'이 중심이 아닌 상대가 오롯이 '중심'이 되기 때문에 무엇인가를 해주고 싶다는 감정이 샘물처럼 솟아난다. 사랑이 주는 기대와 기쁨, 희생, 배려, 희열 등의 미덕을 경험하게 된다.

　남녀 사이에 순수한 감정의 교류는 '인정'을 바탕으로 신뢰를 구축해 가는 과정이다. 교류 초기에는 모든 것이 무지갯빛으로만 보였던 관계가 시간이 흐르면서 자신만의 관점, 의도, 목적이 끼어드는 순간, 간섭과 통제, 강요가 발생하면서 상호간의 신뢰는 파괴되기 시작한다. 그리고 자신의 심리적, 금전적으로 양쪽 모두의 이익과 손해를 저울질하게 된다. '사랑'이라는 미명하에 상대를 자신의 '틀'에 맞추려고 시도하는 것 혹은 상대에게 집착하는 것 자체가 폭력이다.

　상대를 완전히 파악했다고 판단하는 순간부터 당신의 흥미를 유발시켰던 것들과 장점으로 보였던 것들이 당신 눈에 거슬리기 시작하고 상대 또한 동일한 상황에 직면하게 된다. 초기에 인정과 신뢰에서 출발하여 애정과 깊은 사랑으로 발전한 관계가 마지막에는 거부와 혐오의 사태로 진행되어 파국을 맞는다. 결혼에 성공하더라도 내면 깊은 곳의 공허함은 해결되지 않는다.

4) 대화

대화는 당신이나 상대방들 모두가 지금, 여기에 존재하며 상대방의 입장을 충분히 고려하면서 주의 깊게 듣는 것을 전제로 할 때에만 가능한 것이다. 끊임없이 과거나 미래로 '휙' 날아가 버리는 당신의 마음으로 인해서 당신과 상대들×과거와 미래 = 여러 가지의 허구들이 서로를 주장하고 있는 것이다.

침묵 없는 대화는 그저 공허한 자기 떠벌림에 불과한 것이고 무의미하며, 시간과 에너지 낭비일 뿐만 아니라 당신 자신과 상대들을 더욱 천박하게 만든다.

5) 서양의 한계

인류의 모든 세대는 항상 다음 세대를 오염시켜왔다. 서양에서는 드물게 나타나는 현자인 소크라테스처럼 선대(先代)가 물려준 오염된 악순환의 사슬을 분쇄하고자 바른 가르침을 설파하고, 신선한 가치를 제공하여 젊은이들에게 새로운 세상을 건설할 수 있도록 대안(代案)을 제시하면, 오히려 사회의 기득권층들로부터 젊은이들을 타락시키고 있다는 비난을 받아왔다.

서양은 그 아름다움을 그냥 바라보며 향유하는 것이 아니라 꽃을 꺾어서 자신의 방 화병에 장식하는 공격적이고 파괴적인 소유의 방식을 선택했다. 이런 서양의 야만적인 방식은 타인이나 사물의 고유한 아름다움을 파괴하는 것과 동시에 자기 자신도 천박하고 유치한 존재로 전락시키는 결과를 초래하였다.

서양은 이분법적인 사고체계 때문에 타인을 정복하고, 자연마저 정복의 대상으로 삼음으로써 나와 타인의 관계는 주인과 하인, 노예 관계가 전부라고 생각했다. 그들은 일시적으로는 세상을 정복(제국주의)해 나갔지만, 다른 민족들 – 특히 아프리카, 아시아, 아메리카 등 – 에게 엄청난 고통과 고난을 안겨주었다. 그 치명적인 수탈로 현재의 경제적 부와 물질적 문명을 누리고 있지만, 자신들 스스로가 정신적 한계에 부딪혀 탈출구를 찾으려는 시도의 결과는 요원해 보인다. 소유와 파괴의 어리석음은 현대에 이르러서 더욱 조직적이고 세계적으로 가속화되고 있다.

이제는 동양에서조차도 그 아름다운 덕목들이 파괴되고 사라질 것이다. 조만간에……

6. 습관

1) 생존 습관

인간들은 그저 먹고, 자고, 배설하고, 일하고, 놀며 목숨을 연명해 가며 사는 것으로 만족해 한다. 그렇게 살아가는 것이 삶의 전부라고 알고 있다. 에고가 당신의 '뇌'에 살면서 반드시 옳은 것이라는 정보를 주입시키면, 뇌는 몸에게 사는 것과 살아남는 것은 절대적인 가치라는 명령을 하달한다. 그러면 몸은 그 명령에 대해 이의를 제기하거나 불복종할 수 없고, 수단과 방법을 가리지 않고 그 명령을 한 치의 어긋남 없이 수행한다.

교정될 수 없는 가장 심각한 습관은 무의식적이고 무조건적인 '생존의 습관'이다. 따라서 우리는 결코 자신의 생존이 습관적이라는 것을 생각해 본 적조차 없다. 생존본능은 우리가 문제 삼지 않으려고 회피하는 중독적인 습관인 것이다.

자동판매기

최승호

오렌지 주스를 마신다는 게
커피가 쏟아지는 버튼을 눌러 버렸다
습관의 무서움이다

중략

정신 좀 차려야지
고정관념으로 굳어가는 머리의
자욱한 안개를 걷으며
자, 차린다, 이제 나는 뜻밖의 커피를 마시며

돈만 넣으면 눈에 불을 켜고 작동하는
자동판매기를

賣春婦라 불러도 되겠다

黃金 교회라 불러도 되겠다

이 자동판매기의 돈을 긁는 포주는 누구일까 만약

그대가 돈의 權能을 이미 알고 있다면

그대는 돈만 넣으면 된다

그러면 賣淫의 자동판매기가

한 컵의 사카린 같은 쾌락을 주고

十字架를 세운 자동판매기는

神의 오렌지 주스를 줄 것인가.

7. 나태

1) 생존과 수행

우리는 현실에서 당면한 문제를 해결하고 생존을 영위하는 데 대부분의 에너지를 사용하고, 그 여분의 에너지는 무료한 시간 때우기 정도의 오락에 소비하고, 그 활동에 지치면 휴식을 취한다. 당신에게 수행은 고려의 대상조차 되지 않는다. 설령 관심 있는 소수의 사람들조차도 수행은 항상 자신의 관심 목록 말미에 기록되어 있다. 수행하지 않아도 생존은 전혀 문제가 되지 않고 당신을 불편해 하거나 불안하게 만들지도 않는다. 당신이 전체와 분리되어 있다는 그 '감각'을 자각하고 해결하려는 시도와 노력 없이 이번 생에서도 나태와 연기로 일관하면서 삶을 낭비하고 있다.

8. 비창조적인 삶

뇌 과학자들의 연구결과에 의하면, 인간의 뇌는 한 가지 대상에 집중할 수 있는 시간이 놀랍게도 약 15초 정도에 불과하다고 한다. 그 이상의 시간이 흐르면 자연스럽게 다른 대상으로 주의가 옮겨가는 산만한 상태가 발생한다. 우리의 사고체계는 어느 한 가지 주제를 가지고 오랜 시간 지속적으로 집중할 수 없는 집중력의 현격한 부족이라는 근본적인 한계를 지니고 있는 구조로 이루어져 있다는 것이다.

당신이 육신의 삶을 선택한 것은 어떤 목표와 목적을 설정하였기 때문이다. 그러나 당신은 생존, 번식, 많지만 하찮은 욕망들의 해소 등과 목전의 문제들에 너무 집중한 나머지 처음의 의도를 완전히 망각하고 말았다. 잔치이며 축제의 마당이 되어야 할 삶의 절정을 잊어 버린 것이다. '사는 거 뭐 있어!'라는 자조적인 자기합리화의 연속일 뿐, 반복되는 지루함과 삶의 공허함은 계속될 수밖에 없다. 창조는, 축제는 없다.

9. 선택

필수적이고 불가피한 것으로 보이는 '선택'은 분열과 갈등의 결과이며 이중성과 모순을 내포하고 있다.

1) 가치관

인간들은 조건화와 기억의 축적에 의해 자신의 가치 기준을 정하여 차등을 둠으로써, 인간들 스스로가 그 가치에 의해 배반당하는 상황이 발생하였다. 석탄이나 다이아몬드는 탄소라는 동일한 원소로 이루어져 있으나, 선택의 순간에는 누구나 다이아몬드를 취할 것이다. 그러나 당신이 한 겨울에 떨고 있다면 무엇이 더 필요하겠는가. '가치관'이라는 것은 A보다는 B가 좋다, 나쁘다는 기준이기 때문에 한쪽으로 편향될 수밖에 없는 상황을 초래한다. 이런 '쏠림의 현상'은 모든 문제의 근본 원인인 '분리'와 '선택'의 문제를 야기시킨다.

어떤 가치관이 더 바람직하고 유용하냐는 경중을 따지는 '가치관'이라는 그것 자체에 문제가 있는 것이다. 어떤 가치관도 무의미하며 비(非)전체적이고, 분열되어 있는 것이다.

에고는 항상 선택을 통해서만 살아남을 수 있고, 어떤 하나만 선택해야만 하는 상황으로 당신을 내몬다. 우리는 어느 한 쪽만을 중요시하게 되면서 어떤 선택이든 당신이 전체적인 상황을 인지하는 것을 방해한다.

2) 싸구려 선택

요가와 탄트라는 깨달음을 향한 수행법인데 에고들은 그 둘 모두 오염, 변질시켰다. 요가는 호흡과 명상은 빠지고 아사나만 강조되어, 현대에서는 여성들의 몸매를 관리하는 도구로 전락되었다. 자연이 인간에게 선물한 '성(性)'을 통하여 '사마디'[11]에 이르는 방법을 제시한 탄트라는 성적 욕망만을 배설하는 온갖 변태적이고 추잡한 껍데기만 남게 되었다. 좌선이나 간화선, 호흡법과 같은 깊이 있는 수행방법은 언제나 군중들로부터 외면당하여 왔다.

거의 모든 인류가 그렇지만 깊고, 불후(不朽)하고 진정한 가치에 대해서는 무관심하고 알려고도 하지 않는다.

10. 고통

도마복음서에 예수가 "만일 장님이 장님(봉사)을 인도하면 두 사람 모두 도랑에 빠질 것이다."라고 말한 구절이 있다. 즉, 세상이 본래부터 고통과 불행만으로 가득 차 있는 것이 아니라, 오직 육신의 눈만을 뜨고 있는 장님과 봉사들이 서로 부딪히고 충돌하면서 발생하는 것이 고통이요, 불행인 것이다. 우리는 무시하고 지나칠 수 있는 문제를 침소봉대(針小棒大), 지나친 관심을 보임으로써 고통의 느낌을 증폭시킨다. 고통에서 빨리 벗어나고, 그 방법을 찾고, 가능한 한 빨리 그것으로부터 해방되려고 하지 '고통이 무엇일까'라는 의문을 갖지는 않는다.

고통은 자극받기 이전에 당신이 누리고 있었던 상태를 유지하고 안주하기 위해서 자신을 고집하고, 변화된 상태를 거부하기 때문에 자극 전과 후 양쪽 상태의 괴리에서 오는 부 조화 때문에 발생하는 것이다.

---

11. 잡념을 떠나서 오직 하나의 대상에만 정신을 집중하는 경지. 이 경지에서 바른 지혜를 얻고 대상을 올바르게 파악하게 된다.

11. 두려움

1) 관념

두려움은 우리의 기억 속에서 간직하고 싶은 것들, 잃고 싶지 않은 것들, 유지하고 싶은 것들이 외부의 어떤 상황에 의해 상실하게 될지도 모른다는 생각 때문에 발생하는 것이다. 어떤 상황이 실제로 발생하게 되면 두려움이라는 감정은 사라지고 고통스럽다든가, 비참하다든가, 포기한다든가, 아니면 그 상황을 해결하기 위해 실질적인 행동을 취하게 된다.

2) 죽음

인간이 느끼는 가장 근원적인 죽음에 대한 두려움은 미지에 관한 것과 상실에 관한 것이다. 자신의 육체가 소멸되면 모든 것이 종료될 것이라는 짐작과 죽음의 현장에서 어떤 일들이 벌어지는지, 사후에 어떤 상황이 발생하는지를 알지 못하기 때문에 두려움이 엄습한다.

다른 하나는 당신이 육신으로 살면서 성취했다고 확신하는 업적과 관계들, 지위, 부, 명예, 권력 그리고 자신이 소유하고 있는 물질들에 대한 상실의 두려움이다.

12. 분노

1) 분노와 후회

무엇인가 또는 누구에게 기대를 갖고 있을 때 실망이라는 현상이 수반되지만, 그것이 자신의 안정이나 안위에 영향을 끼치게 되면 분노가 발생한다. '화'가 치밀어 분노하는 단 몇 초 동안 당신의 사고는 정지한다. 그곳에는 당신은 사라지고 '분노'하는 현상만이 존재한다. 분노가 지나간 후에 그 배경과 원인, 과정과 결과 그리고 후회의 전 과정을 되짚어보면 당신은 항상 과거의 패턴과 동일한 방식을 반복하고 있다. 자신을 망각하기 '가장 쉬운 상태' 중의 하나가 바로 '분노'이다.

분노는 지속성이 없기 때문에 잠시 후에 자신이 분노한 사실로 인해 반드시 후회를 동반하게 된다.

2) 사무라이와 선승

상대와의 최소한의 조화를 파괴시켜 상대방의 분노를 유발시키는 방법은 아주 간단하다. 당신이 상대가 중요시 여기는 소유물, 신념, 이념, 종교적 믿음, 가치관 등을 비난하고 헐뜯고 마구 취급해보라. 분노는 너무나 쉽게 발생한다.

노부시게라는 무사가 하쿠인 선사를 찾아 와서 이렇게 물었다.

"극락과 지옥이라는 게 정말로 있는 것입니까?"

"선생은 누구시오?"

선사가 물었다.

"나는 사무라이입니다."

무사가 대답했다.

그 대답을 듣고 하쿠인 선사가 큰 소리로 외쳤다.

"군인이라! 선생이 호위하는 주인은 도대체 어떤 사람이요? 당신 몰골이 꼭 거지꼴이니."

무사는 너무나 화가 나서 칼집에서 칼을 뽑으려하였지만, 선사는 아랑곳 하지 않고 말을 계속했다.

"선생은 칼을 가지고 있군요! 당신 칼은 너무 무뎌서 내 머리는 못 자를 거요."

노부시게가 칼을 뽑아들자 하쿠인 선사가 말했다.

"이제야 지옥문이 열렸군요!"

이 말을 듣고, 그 사무라이는 선사의 가르침을 깨닫고 칼을 다시 칼집에 꽂고 선사에게 절을 올렸다. 그의 절을 받고 선사가 "이제야 극락의 문이 열립니다 그려!"라고 말했다.[12]

---

12. 《나를 찾아가는 101가지 선 이야기》, 폴 렙스 외

13. 폭력

1) 인류의 위기

인간의 의식은 아직도 구석기시대의 숲에서 뛰어다니는 초기 인류의 수준에 머물러있는 반면, 물질문명은 너무나 비약적으로 발전하고 있다. 다양한 분야에서 발견과 발명의 놀라운 결과는 인류에게 물질적인 삶의 풍요와 안락함을 제공해 주는 한편, 핵과 같은 인류의 멸종을 초래할 수도 있는 엄청난 파괴력을 지닌 무기를 개발하게 되는 양면성을 제공하였다. 인류는 자신들이 사용할 수 있는 에너지의 일정 양을 쉴 새 없이 투자하여 전쟁무기 개발에 몰두하고 있다.

전쟁의 역사에 대한 교훈을 외면한 채 현재에도 인류는 종교, 이권, 자기과시, 인종청소 등 무가치한 이유 때문에 어리석은 전쟁을 계속하고 있다 (인류는 지난 6천년동안 적어도 1만 4천 번 이상의 전쟁을 치렀고 최소한 35억 명이 희생되었다).[13] 우리 자신의 폭력성과 공격성에 대한 깊은 통찰이 없으면 우리 인류를 포함한 모든 생명체에게 치명적인 결과를 초래할 수도 있다.

2) 폭력의 발생과 책임 전가

잠재적으로 폭력은 인간을 흥분시키고 쾌감을 느끼게 하는 강력한 힘을

---

13. 《인류 우리 모두의 이야기》, 패멀라 D. 톨러 저

지니고 있다. 사회와 구성원 전체는 암묵적으로는 폭력을 부추기고 있으나, 그 폭력의 결과에 따르는 책임이 우리 자신에게 있음이 너무나 명백함에도 불구하고 "세상 말세야", "세상 무서워서 어떻게 살겠나" 하면서 타인이나 세상을 비난한다.

경쟁에서 자신의 집단이 패배하였을 경우 호시탐탐(虎視眈眈) 기회를 노리며 타 집단의 구성원들에 대해 어떤 방법을 사용하더라도 보복을 하고 싶어 하는 강한 욕망을 갖게 된다. 보복을 준비, 추구하는 과정이나 만족할 만한 결과에 대해 강한 쾌감을 느낀다. 인간은 자신이 본질적으로 비폭력적이며, 자신이 폭력적인 존재라는 것을 외면하고 인정하려고 하지 않는다. 폭력이 계속되는 이유는 당신이 타인을 굴복시키고 지배하고자 하는 욕망이 무의식 깊은 곳에 자리 잡고 있기 때문이다. 우리는 상호 배려와 협력, 양보보다는 타인들이나 타 집단들에 대해 가학적인 즐거움을 즐기려는 폭력적인 유전자를 갖고 있는 존재들이다. 자신의 생존(번식)을 위해 타 생명체를 먹어야만 하는 모든 동물은 크든 작든 그 규모에 관계없이 근본적으로 폭력적이다.

3) 분노와 광기

축적되고 해소되지 못한 불만들은 부지불식간에 외부로 폭발, '분노'하게 되어 있다. 분노의 폭발은 항상 자신보다 약한 사람들에게 향하게 된다. 이런 상황은, 연쇄 반응을 일으켜서 1차 피해자들은 2차 피해자를 찾게 되는 악순환이 계속된다. 특히 배려나 온유함, 양보에 익숙하지 못한 남성들이 더욱 심각한 상태를 보여준다. 한편, 인간은 자신이 감당하기 어려운 문제에 봉착하거나 해결하기 힘든 상황이 발생하면 자신이 아닌 누군가 그 문제에 대하여 책임을 져야 한다는 강박증으로 희생양을 찾으려는 강한 성향이 있다. 예) 일본 관동대지진때 광기에 찬 일본인들의 한국 교민들 학살

극심하고 장기적인 흉년, 페스트와 같은 전 유럽적 전염병의 발생, 경제정책 실패에 따른 국민생활의 악화 등과 같은 국가적 규모의 큰 문제가 발생하여 민심이 흉흉해지면 정치, 종교지도자들은 그 민심이 당사자들(권력집단)에게 화살이 겨누어지는 것을 방지, 회피하기 위하여 그 원인을 전가할 소수의 집단을 지목하고, 군중들로 하여금 끔찍한 폭력을 행사하도록 부추긴다. 군중들은 집단적인 광기에 휩싸이고, 비(非)이성적인 판단으로 그 지목된 소수들에 대하여 단죄를 실행에 옮긴다. 한 발 더 나아가 자신들의 행동은 희생양들이 받아야만 하는 마땅한 처벌이라고 자신들을 합리화한다. 예) 중세 유럽의 기독교 지도자들이 저지른 마녀 사냥. 나치 독일의 유대인 학살 등[14]

14. 《인류 우리 모두의 이야기》, 패멀라 D. 톨러 저

아우슈비츠

김종삼

1
어린 敎文이 보이고 있다
한 기슭엔 雜草가

죽음을 털고 일어나면
어린 敎文이 가까웠다

한 기슭엔
如前 雜草,
아침 메뉴를 들고
敎文에서 뛰어나온 學童이
學父兄을 반기는 그림처럼
복실 강아지가 그 뒤에서 조그맣게 쳐다보고 있었다
아우슈비츠 收容所 鐵條網
기슭엔
雜草가 무성해 가고 있었다

2

중략

골목길에선 아희들이
고분고분하게 놀고 있고
이 무리들은 제네바로 간다 한다
어린것과 먹을 거 한 조각 쥔 채

* 인류는 생존과 번식을 위한 진화 과정을 거쳐 왔다. 이것을 이해해야만 우리
  의 미래와 가능성에 대해 심각하게 고민할 수 있는 기회가 주어질 것이다.

Ⅱ. 수행

1. 의미

　수행은 삶에 대한 지속적인 불만을 통하여 자신이 무언가 잘못 살고 있나 하는 의문의 제기와 변화되고자 하는 작은 염망에서 출발한다. 소수의 사람들만이 너무나 당연시되어 왔고 반복되는 자신의 삶에 대하여 회의와 교정의 염원을 갖게 된다. 그러한 발심(發心)은 너무나 큰 축복이다. 자신의 삶을 되돌아보고 새로운 세계로의 진입은 그 무엇과도 비교할 수 없을 정도의 가치를 지니며, 평소에 관심이 없었던 잠재의식에 대한 탐구가 시작되는, 삶의 도약대 앞에 서게 되는 것이다.

　일찍이 나는

최승자

　일찍이 나는 아무것도 아니었다

마른 빵에 핀 곰팡이

벽에다 누고 지린 오줌자국

아직도 구더기에 뒤덮인 천 년 전에 죽은 시체

중략

떨어지는 유성처럼 우리가

잠시 스쳐 갈 때 그러므로,

나를 안다고 말하지 말라

나는 너를 모른다 나는 너를 모른다

너 당신 그대, 행복

너, 당신, 그대, 사랑

내가 살아 있다는 것,

그것은 영원한 루머에 지나지 않는다.

수궁가 중 '고고천변' : 박봉술

※ 참고 : 여기서 가객(歌客)의 소리를 찾아 한 번 들어보는 게 좋을 듯하다.

2. 전개

우리가 물이 되어

강은교

우리가 물이 되어 마난다면
가문 어느 집에선들 좋아하지 않으랴

중략

흐르고 흘러서 저물녘엔
저 혼자 깊어지는 강물에 누워
죽은 나무뿌리를 적시기도 한다면

중략

그러나 지금 우리는
불로 만나려 한다
벌써 숯이 된 **뼈** 하나가
세상에 불타는 것들을 쓰다듬고 있나니

만 리 밖에서 기다리는 그대여

저 불 지난 뒤에

흐르는 물로 만나자

푸시시 푸시시 불 꺼지는 소리로 말하면서

올 때는 인적 그친

넓고 깨끗한 하늘로 오라.

1) 욕망의 만족과 도약

　인간의 욕망은 다양한 차원에서 발생한다. 가장 기본적인 육체적 욕망인 식욕, 성욕, 수면욕에서부터 심리적, 정신적 욕망 그리고 자기실현의 마지막 욕망까지……. 각 차원의 욕망은 완전하게 만족되지 않으면 다음 차원의 욕망으로 관심이 넘어가더라도 회한이 남게 되기 때문에 육체적 욕망이 만족되어야 여분의 에너지가 새로운 차원으로 움직이기 시작한다.

　수시로 치솟아 오르는 성적 욕망이 수행에 방해가 된다고 판단, 생식기를 절단한 어리석은 수도승의 일화가 전해져 온다. 메이저급 종교지도자들이 하고 있는 욕망을 억압하는 방법은 수행에 장애가 될 뿐이다. 오히려 탄트라처럼 적극적으로 육체적 욕망을 해소하여, 그것의 결과가 얼마나 하찮고 부질없고 반복되는 것임을 스스로 자각 하고, 그것으로부터 '졸업'하는 것이 수행에 실질적인 도움이 된다. 주의할 점은 그 욕망의 해소를 위해 경험해 보는 것은 좋으나, 반복된 행위에 의해 중독되는 우를 범하지 말라. 수행자들은 몇 번의 경험만으로 그 욕망의 허망함을 빠르게 간파하고 다음 과정으로 옮겨가는 영민함을 발휘해야 한다.

욕망과 절대로 싸우지 말고 억압, 회피하지 말라. 그것과 직면, 경험하고 거리를 두고 바라보면서 뚫고, 뛰어넘고, 지나가라.

2) 발심

초기 수행자들은 새로운 세계에 대한 호기심과 별스러운 지식에 약간의 흥미를 느끼며 여행을 진행한다. 시간이 조금 흐르면 변화 없는 지루함과 수행 방편을 자주 놓치게 되는 난관에 부딪힌다. 너무나 오랫동안 에고의 삶을 살아왔기 때문에, 이 두 가지 문제점은 어쩔 수 없이 발생하게 된다. 또한 그대 자신을 군중들로부터 심리적으로 독립하고, 조건화된 심리를 말끔하게 청소해 내는 것은 참으로 중요하지만, 많은 어려움이 따른다.

얼음 목탁

이정록

산사 뒤 작은 폭포가 겨우내 얼어 있다

그동안 내려치려고만 했다고
멀리 나가려고만 했다고, 제 몸을 둥글게 말아 안고 있다

커다란 얼음 목탁 속으로 쏟아져 내리는 염주알들
서로가 서로를 세수시켜 주는 저 염주알을 닮아야겠다고
버들강아지 작은 솜털들이 부풀어 오르고 있다

중략

안에서 두드리는 목탁이 있다
얼음 문을 닫고 물방울에게 경을 읽히는 법당이 있다
엿들을 것 없다
얼음 목탁이 공양미 씻는 소리
염주알이 목탁 함지를 깎는 소리

언 방에서 살아가며 기도를 모르겠느냐?

나를 세수시켜 주는 쌀 씻는 소리가 있다.

3) 방편

현대인들은 약간의 불편함을 감수하고 상대방에게 양보하고 배려하는 것, 난관의 직시, 문제의 적극적인 수용 등의 미덕을 거의 모두 상실했다. 스마트 폰처럼 미망은 **빠른** 속도로 진화하고, 인류는 더욱더 깊은 잠에 **빠져** 들어가고, 깨어나려는 수행자들의 수는 점점 더 줄어들고 있다.

현재 겪고 있는 많은 장애들은 우리들 내부에 해결의 실마리가 있음에도 불구하고 해결책을 항상 외부에서 찾으려하거나 회피하기 때문에 문제는 계속 반복, 확대, 재생산되는 것이다. 이런 어리석음의 반복을 미연에 방지하고 문제의 뿌리를 잘라내기 위해서 스승들이 고안한 방법들이 이른바 방편이라고 불리는 것이다. 탄트라의 이해, 이완과 수용, 비파사나의 깨어 있음(수동적인 각성), 선의 화두참구 등의 수행방법은 그대를 직접 진리로 인도해 주지는 못한다. 다만, 그대가 겪고 있는 어려움은 근본적인 문제가 아니라는 것을 이해할 수 있게 도움을 주는, '진실성'보다는 '유용성'에 더 무게가 실리는 기법들이며 장치들이다.

모든 방편은 그대를 흔들어 잠에서 깨어나게 하려는 기법들이다. 그대의 문제를 이 기법들로 용해시킬 수 있다면 그대는 변형, 성장하고 앞으로 한 발 더 내딛는 성숙의 기회를 맞이할 수 있다.

4) 수행

계곡에 처음 발을 입수하면 빠른 물과 바위 이끼 때문에 균형을 잃고 여러 번 넘어질 것이다. 자신의 수행능력의 부족함을 탓하지 말고, 이런 문제점을 인식할 수 있는 자신의 능력을 신뢰하라. 더디지만 차츰 지루함도 감소하고 방편을 놓치지만 다시 돌아오는 시간의 간격도 줄어들게 될 것이다.

수행이 점차 무르익게 되면 지난날 자신의 삶과 이 사회 전체가 어떻게, 얼마나 허구적인 것으로 구성되어 있는가를 인식하게 된다. 자신이 과거에 축적해 왔던 확실한 기억의 견고한 성(城)이 흔들리게 되는 정체성 혼란의 시기가 도래한다. 이 단계가 수행에서 가장 어려운 시기이며, 따라서 결연 (決然)한 용기가 필요한 때이다. 이런 혼돈과 폭풍우의 밤을 통과해야만 싱그러운 풍요의 아침을 맞이할 수 있는 것이다(이 단계에서 많은 수행자들이 포기한다).

불가(佛家)에서 이르기를 "인간의 몸 받기 힘들고, 남자로 태어나기는 더욱 힘들고, 불법(佛法)을 만나기는 더더욱 어려우니(시절 인연이 되었으니) 수행에 정진하라."는 금언이 있다. 어렵게 이 길에 들어선 것도 그대가 전생(前生)에서 삼세(三世)의 공덕을 쌓은 결과이니, 이 길에 들어선 이상 망설임이 있다손 치더라도 자신을 신뢰하고 백절불굴(白折不屈)의 자세로 힘차게 나아가라.

국토서시(國土序詩)

조태일

발바닥이 다 닳아 새살이 돋도록 우리는
우리의 땅을 밟을 수밖에 없는 일이다

숨결이 다 타올라 새 숨결이 열리도록 우리는
우리의 하늘 밑을 서성일 수밖에 없는 일이다

중략

버려진 땅에 돋아난 풀잎 하나에서부터
조용히 발버둥치는 돌멩이 하나에까지
이름도 없이 빈 벌판 빈 하늘에 뿌려진
저 혼에까지 저 숨결에까지 닿도록

우리는 우리의 삶을 불 지필 일이다
우리는 우리의 숨결을 보탤 일이다
일렁이는 피와 다 닳아진 살결과
허연 뼈까지를 통째로 보탤 일이다

3. 수행방법

1) Tantra(탄트라) — 이해와 수용

에고는 완벽하게 위장, 은폐하고 있기 때문에 발견하기 어렵고, 발각되더라도 자신의 추악함을 미화, 합리화하고 제거되는 것을 완강하게 거부한다. 자신(에고)의 현재 상태를 정확하게 이해하고 수용하는 것이 배움의 첫걸음이고, 그대를 변화시키는 원동력이 된다. 서두를 것도, 노력해야 할 것도, 변화시켜야 할 것도 없다. 그저 자신의 느낌과 사고, 행동 방식을 이해하면 된다. 수행 초기에는 그것으로 족하다.

2) 비파사나 — 바라보기

외부의 자극이나 내적 욕구에 대해 에고는 순식간에 개입하여 즉시 반응, 사고를 일으킨다. 어떤 자극에 대하여 즉각 행동으로 옮기는 것을 삼가라. 그것이 발생했을 때 바로 그때, 그대의 의식이 거리를 두고 그것을 바라보라. 그것들이 일어나는 것을 '눈치 채고', 노는 모습을 응시하고, 사라지는 것을 주시하라. 모든 과정을 의식하고 있으라. 에고의 놀이(?)를 놓치지 않으면 깨어있는 시간은 점차 늘어날 것이다. 그대의 주시가 '획' 날아가더라도 자신에 대해 실망하지 말라. 그것을 알아차리고 다시 돌아온 그대의 수행력을 칭찬해 주어라.

3) 화두참구

선가(禪家)의 독특한 수행법인 화두참구(話頭參究)의 핵심은 '집중'이다. 외부 자극이나 내적 욕망에 반응하는 에고를 완전히 무시하고, 풀리지 않는 수수께끼(?)에 오롯이 집중하여 해결하고자 고안된 수행법이다. '이 뭣꼬(是甚麼)'와 같은 간단한 질문을 자신에게 끊임없이 던지면서 그 의문을 뭉치고 뭉쳐서 극한으로 의식을 몰고 가는 것이다. 고도의 집중력이 필요하고, 에너지의 소비가 엄청나기 때문에 초기 수행자들에게는 권유하고 싶지 않다. 이해와 바라보기가 어느 정도 숙달된 중급 정도의 수행자들이 시도해볼 만한 지난한 작업이다.

집중에 의한 부작용이 일어날 수도 있기 때문에 노련한 선배나 스승의 지도가 요구된다. 초보 수행자들은 설불리 이 수행법으로 짧은 시간 내에

소기의 목적을 성취(?)하려는 우를 범해서는 안 된다. 수행은 천천히 기초부터 다져나가야 한다.

4) 불면과 춤

수피[1]들은 '불면(不眠)과 춤'이라는 수행방식을 채택했다. 육체는 자연스럽게 잠을 통하여 휴식을 취하려는 메커니즘을 갖고 있다. 그대가 수행의 의지로 '불면'을 선택하게 되면, 잠을 자려는 몸과 자지 않으려는 수행의지가 그대를 분리시키고, 그 둘은 상호 충돌하게 된다. 이것이 그대의 에고를 결정화시키고, 자고 싶어 하는 유혹의 마음과 에고의 실체를 확인할 수 있게 해주는 것이다. 이 불면의 수행법은 그대가 에고와 분리되고 탈동일시 되는 경험을 제공할 것이다.

춤 수행법은 춤추는 사람이 시간이 지남에 따라 자신의 육체를 망각하고 춤 자체에 몰입하게 됨으로써 자신은 몸이 아니며, 새로운 존재에 대한 경험(Ecstacy)을 함으로써 자신을 몸과 동일시해온 조건화를 파괴시키는 것이다.

불면과 춤 모두는 그대가 몸, 마음과의 동일화되었던 조건화를 파괴하려는 의도로 고안된 것이다. 불면은 마찰과 분리, 춤은 몰입과 망각을 통하여 동일화를 파괴하고 새로운 존재에 대한 각성을 일으키게 해준다.

---

1. 이슬람세계의 수행자들, 신과의 합일을 추구함.

4. 전체과정

1) 수행단계

수행과정은 먼저 과거의 악습들에 의해서 소모되고 낭비되었던 시간과 에너지를 회수하는 것이다. 다음으로 회수된 것들을 그대의 수행에 투자하는 것이다. 마지막으로 그대에게 제공된 수행의 방편을 실행, 진리에 대해 알고자 하는 미칠 듯한 갈증과 탐구의 욕구가 불같이 일어나면서 그대의 모든 에너지를 소진시켜야 하는 것이다.

2) 이해의 단계

발심은 과거의 삶 전체가 무의미했고 많은 실수를 저질렀다는 것 등에 대한 이해와 반성에서 비롯된다. 조금 더 걷다보면 기존의 삶과는 다른 차원의 신세계가 존재한다는 막연한 이해가 다가온다. 좀 더 깊어지면 에고에 의한 사고와 감정, 느낌들에 그대가 즉각 반응한다는 것을 알게 된다. 한 발 더 깊어진다면 에고의 장난에 그대가 노예처럼 농락당하고 있었다는 참담하지만 놀라운 발견을 할 수 있을 것이다. 더 깊이 들어갈 수 있다면 에고의 발생과 유지, 사라짐의 전 과정이 보일 것이다. 더 침잠할 수 있다면 그 놀이의 하나의 과정이 끝나고 다음 과정이 시작되기 바로 직전에 너무나 짧은, 눈치 채기 어려운 '간극', '틈', '사이'가 존재한다는 것을 알게 된다. 그때 그대는 이해의 정점에 이른 것이다.

3) 자유의 단계

모든 인간들의 가장 근본적인 욕망은 모든 제약, 속박, 억압, 한계로부터의 자유이다. 시간적으로 영원하고 공간적으로는 무한한 존재가 되고 싶어 하는 것이다. 이런 궁극적인 욕망의 획득(?)은 수행을 통해서만 가능하다. 수행자들이 최초로 획득(?)하여야 하는 것은 군중으로부터의 지위이다. 소속감, 집단의식, 애국심 등 그 모든 것이 실체 없는 관념이고 그대를 얽어매는 사슬이란 것을 알아차리고 과감히 끊어버려야 한다.

다음으로는 에고가 지향하는 것이 무엇인지 인식하고 그것에 그대가 얼마나 휘둘려 온 노예였음을 자각하고, '자아로부터의 자유'를 위해 수행해야 하는 것이다. 에고를 벗어나는 것이 진정한 자유이다. 그런 자유에 눈 뜨기 위해서는 많은 속박을 인식하고, 책임을 기꺼이 수용해야 하는 과정이 반드시 필요하다.

좀 더 성장한다면 처음에는 지적(知的)으로 알고자 시도했던 것들이 점차로 직관에 의한 탐구로 변화되어 가고, 그대는 점점 더 예리하게 깨어나게 될 것이다. 하나하나의 이정표를 발견하는 것 자체가 기쁨이고, 이 여행이 그대에게 제공하는 환희이다. 그 과정을 충분히 즐겨라. 호기심에서 관심, 탐구심으로 성장해야 한다.

수행의 길은, 두뇌로 상상하거나 유추하는 것은 절대 금물이다. 오로지 '온몸으로 부딪혀'[2] 경험할 때에만 그 다음 이정표가 발견될 수 있다. 타인들로부터 그대 자신을 자유롭게 한 후 그 질긴 에고로부터 자신을 해방시

---

2. '사랑일 뿐이야' – 가수 김민우, 노랫말

키는 것, 이것이 수행의 전 과정이다.

이탈한 자가 문득

김중식

우리는 어디로 갔다가 어디서 돌아왔느냐
자기의 꼬리를 물고 뱅뱅 돌았을 뿐이다

중략

가는 곳만 가고 아는 것만 알 뿐이다

집도 절도 죽도 밥도 다 떨어져 빈 몸으로 돌아왔을 때 나는 보았다
단 한 번 궤도를 이탈함으로써
두 번 다시 궤도에 진입하지 못할지라도
캄캄한 하늘에 획을 긋는 별, 그 똥, 짧지만, 그래도 획을 그을 수 있는,
포기한 자 그래서 이탈한 자가 문득 자유롭다는 것을

4) 큰 그림

수행의 과정에서 알고 있어야 할 전체적이고 구조적인, 심도 있는 '큰 그림'에 대한 이해는 에고가 저질러온 실수를 파악하고, 이런 과정을 180도 역전시키는 것이다. 그대가 저지르는 잘못과 실수는 자신을 교정, 성장시킬 수 있는 발판이 되는 것이니 실수를 두려워하지 말라. 고통을 견디며 난관을 슬기롭게 넘어가고 묵묵히 밀고 나가는 강인한 수행력이 절실히 요구된다.

행위로부터 존재를 향하여 움직여 나아가야 하고, 육체나 마음으로부터 영혼으로, 원주에서 원 중심으로, 주변에서 내부의 중심으로 옮겨가는 것이 수행의 전체적인 큰 그림이다. 에고에 의해 조건화, 동일화되어 있는 모든 상황을 파악하고 그것을 제거하는 것이 수행의 전 과정이다.

역대 모든 성자들이 인류에게 보낸 메시지는 '당신은 태어나서 죽을 때까지 잠들어 있다. 그 오랜 잠에서 깨어나라.'는 단 한 가지였다. 모든 스승들이 언급해온 깨달음, 진리, 도(道), 자유 등 이 모든 것들이 의미하는 것은 자기 자신에 대한 철두철미(徹頭徹尾)한 '앎'이다. 예수가 "진리가 너희를 자유케 하리라."고 한 말의 의미이다.

인간은 자신에 대해 전혀 모른다. 자신에 대해 무지하다는 것조차 인식하지 못하고 있다. 그 무지, 잠에서 깨어나서 '참나(眞我)'를 찾아가는 과정이 수행이다. 수행자들은 목전(目前)의 상황에만 몰두하지 말고, 배경과 뿌리와 전체적인 상황을 보다 예민하게 깨어서 바라보아야 한다. 수행의 치열함은 필수적이지만 나무만 보고 숲을 놓치는 우를 범하지 말라. 항상 비교, 대비되는 극단 양쪽을 동시에 바라보고, 그 두 극단을 뛰어넘어 도

약할 수 있는 제3의 방법을 탐구해야 한다. – 중도(中道)

5) 예수와 선(禪)

한때 선(禪)이 유럽에서 대단한 인기를 끈 적이 있었다. 선에서 강조하는 '아무것도 하지 말라', '그냥 쉬어라' 등의 노자의 무위(無爲)사상이 크게 어필되었다. 노자(老子)는 '함이 없이 하라(爲無爲)'고 일갈했지, 함이 없이 쉬라고 하지 않았다. 선의 무위의 경지는 엄청난 고통을 겪은 후에 드러나는, 자연적인 흐름에 자신을 맡기는 것이다. '아무것도 하지 않음', '그냥 쉼' 등은 명상 수준에서나 가능한 것인데, 그 수행과정과 내용은 쏙 빠지고 유럽인들은 껍데기인 문자만을 수용하는 우를 범하였다.

예수가 언급한 '항상 깨어있음', '열심을 내라', '산 위에 견고한 성채를 지어라' 등은 엄청난 에너지와 주의력, 각성이 수반되는 것으로 수행 초기에는 반드시 겪어내야 하는 고단한 작업이다. 그대가 깨어있음을 수시로 놓치고 다시 각성하는 과정을 수도 없이 반복하면서 전일(全一)하게 깨어 있은 연후에야, 선에서 언급한 '하지 말라', '쉬어라'의 수준으로 나아가게 되는 것이다. 예수는 수행의 초반부이고, 선(禪)은 수행의 후반부인 명상에서 가능한 것이다. 고통과 노력, 인내와 기다림, 갈증을 견디고 난 후에야 '휴식'이 찾아오는 것이다.

6) 수행자의 2가지 유형

수행의 길에 들어서는 사람들은 대체로 2가지 유형이다.

첫 번째는 자신이 살고 있는 이 사회에 대한 불만과 그것을 느끼는 주체인 자신에게 관심을 갖고 탐구의 길에 들어서는 경우이다. 자신이 제대로 삶을 살아가고 있는가에 대한 의문제기가 선행되지 않으면 수행의 길로 접어드는 것은 불가능하다. 이 질문이 이른바 '초발심(初發心)'이라고 하는, 방아쇠를 당기는 역할을 하게 된다(물론 이런 과정이 수행의 길로 접어든다는 것을 자신은 정작 인식하지 못하는 경우가 대부분이지만). 이 질문은 대체적으로 일회성 혹은 단기간에 종료되지만, 이 질문을 꾸준히 지속적으로 제기하는 소수의 사람들은 수행의 길로 들어서게 되는 것이다.

두 번째는 천재(?)형의 타입이다. 극소수인 이 타입은 비교적 어린 시절에 외부의 세계에서 벌어지는 현상들에 대한 관심보다는 자신의 존재에 대한 관심이 유별나다는 것이다. 예를 들면 '나는 누구지', '우주는 왜 존재하는가', '사후의 세계에는 무엇이 있을까' 등의 비(非)구체적이고 현실감 없는 막연한 주제에 관심을 갖는 유형이다(예외적으로 예민한 감성의 소유자가 가족이나 지인들의 허망한 죽음을 직면하는 경우 수행자로 들어설 가능성이 있다).

두 유형의 공통된 점은 불만과 의문이라는 것이다. 그것이 외부에 의해 촉발된 것이든, 내부의 자발적인 것이든 동일한 것이다. 이 여정에서 '정진'의 단계는 동일하게 거치게 된다. 다만, 후자의 경우는 과거의 생들로부터 선업(先業)과 정진의 정도에 따라 전자보다는 수행 속도에 좀 더 탄력을 받을 수 있다.

전자건 후자건 치러야 할 고통의 양이 다 채워지고 모든 과정을 단 하나도 빠뜨리지 않고 겪어야만 신비의 문 앞에 설 수 있는 자격을 부여받게 된다. 즉, 목적지에 도달하기 위해서 수행자가 지불해야 하는 노력과 고통의 양은 동일하다.

7) 수행이 어려운 점

이 여행이 어렵게 느껴지는 것에는 몇 가지 이유가 있다.

사회(외부)나 자신(내부)에 대한 불만을 지속적으로 유지(?)해야 하는데 우리는 불만의 내용도 정확하게 모르고, 그 불만을 유지하려면 자신이 불편하기 때문에 '인생 뭐있어, 산다는 게 다 그렇지'라고 합리화하거나 바쁜 일상에서 쉽게 잊어버린다는 것이다.

두 번째는 이런 불만의 근본적(?)인 원인이 무엇인가에 대해 심도 있는 탐구를 진행하는 것에 대한 어려움이다. 우리는 표피적이고 목전에 드러나는 현상에만 관심을 보일 뿐, 삶과 죽음, 영혼과 구원 등 근본적인 문제로 관점을 이동시키기는 훈련을 전혀 경험해보지 못했기 때문에 표면에 뛰노는 물고기처럼 바다의 깊이를 알 수 없는 상태에 머물러있다.

세 번째는 이런 문제의 해결(?)을 위해서는 평소에 우리가 사용하지 않았고 사용하려고 시도조차 하지 못했던 심층 에너지를 사용하여 힘겹고 고단한 수행을 지속적으로 밀고 나가야 한다는 것이다. 대부분의 수행자들이 이 대목에 이르러서 포기하고 중도하차한다. 그 이유는 자신은 나름대로 노력을 했다고 생각하는데 그에 비례해서 기대한 만큼의 성과가 드러나지 않는다고 느끼기 때문이다.

이 수행의 길은 샛길은 많고 이정표는 너무나 드물게 나타나기 때문에 어떤 변화가 언제쯤 생겨날까 하는 조급한 마음은 절대적으로 금물이다.

8) 주의점

깨달음은 우리가 잊어버리고 있던 본래의 의식을 다시 발견하는 작업이다. 무공수련이나 제조한 약, 특별한 호흡방법은 언젠가 버려야 하는 우리의 육신을 보다 건강하고 능력 있게 변화시킬 수는 있어도 '의식' 자체를 변화시킬 수는 없다. 의식이 물질을 창조하는 것이지 물질이 의식을 탄생시킬 수는 없다.

무술수련(武術修練)이나 호흡을 통하여 육신의 한계를 뛰어 넘는 정신세계의 고양은 충분히 가능하겠지만, 그렇다고 깨달음이 드러나는 것은 아니다. 조심스럽지만 무술수련이나 호흡을 통하여 이입(理入)과 대별되는 행입(行入)의 방법으로 깨달음의 경지에 들어설 수 있는지 심각하게 자문해 볼일이다.

[위산영우(潙山靈祐)]

하루는 위산이 백장을 모시고 있는데 백장이 물었다.
"옆에 누가 있는가?"
"영우입니다."
"화로에 불이 있는지 헤쳐 봐라."
"불이 없습니다."
그러자 백장이 몸소 일어나 화로를 헤쳐 조그만 불씨를 찾아내서 들어 보이며 말했다.
"이것이 불 아닌가?"

그때 대사가 깨닫고 절을 한 뒤 자기 견해를 말하니, 백장이 말했다.

"그것은 잠시 나타난 갈림길이다. 경에 말하길, '불성을 보고자 하면 시절과 인연을 관찰하라.' 하였는데, 시절이 이르면 미혹했다가 깨닫는 것과 같고, 잊었던 일을 기억하여 본래 자기 물건이요, 남에게 얻은 것이 아님을 깨닫게 되리라. 그러므로 조사께서 말씀하시길, '깨닫고 나면 깨닫기 전과 같고, 마음이 없으면 법도 없어진다.' 하셨으니 이는 범부나 성인의 분별이 없고 본래부터 마음과 법이 조금도 부족함이 없음이다. 그대는 이 뜻을 잘 보호하고 지키도록 하라."

 * 추신 : 행입에 의하여 깨달음을 체험하신 영적 스승님이 계신다면 '지장보살'의
   면목을 드러내 주시길 바란다.

[행입(行入)으로 깨닫기 어려운 이유]

① 변형은 극한으로까지 밀어붙여야 하는데 도시생활에서 하루에 2~3
   시간의 수련으로는 건강과 마음(에고)의 평화만을 성취할 수 있을 뿐
   이다.
② 수련에 투자하는 시간에 비례해서 몸의 변화가 일어나면 수련자는 자
   연스럽게 몸이 소중하다는 인식과 동시에 몸이 '나'라는 동일화가 심
   화된다.
③ 심한 육체적 고통 뒤에 찾아오는 심리적 안정감, 성취감, 행복한 마음
   (?)의 평화를 누릴 수 있고, 일정 수준에 도달하면 욕심이 줄어들지만
   타인들은 하지 않는 전통적인 무술을 한다는 미묘한 자만감이 생겨

날 가능성이 높다.

④ 공력이 쌓이면 에고의 우월성 과시 본능이 타 수련자들과 비교, 우위
를 확인하려는 욕구 때문에 몸을 섞고 수를 교환, 본인이나 타인의
신체에 상해를 줄 가능성이 커진다.

붓다들은 타인의 몸에 위해를 가할 수 없다. 서로 찾아가지도 않지만 만
남이 이루어져도 별 대화가 없고 설령 대화가 이루어져도 법 거량 정도만
할 뿐 신체 접촉은 절대로 없다.

조주 선사가 대자 선사를 방문해서 이렇게 물었다.

조주 : 무엇이 반야(지혜)의 본체이겠소?

대자 : 글쎄, 반야의 본체가 뭘까?

조주는 당황하기는커녕 너털웃음을 터뜨리며 나가버렸다.

이튿날 아침 조주가 마당을 쓸고 있는데 마침 대자가 그 앞을 지나가다
조주를 보고는 전날의 일이 생각나서 그를 놀렸다.

"반야의 본체가 뭘까?"

조주는 빗자루를 떨어뜨리고는 다시 너털웃음을 터뜨리며 지나가 버렸
다. 대자도 조용히 자기 방으로 돌아갔다.[3]

---

3. 《선의 황금시대》, 오경태

5. 수행자의 기본 자세

1) 순수함

목적지를 상상하지 말라. 언제 도착할까 기대하지 말라. 예측과 기대를 할수록 목적지는 더욱 멀어진다. 그저 순간순간에 모든 에너지를 쏟아 부어라. 미래로 움직이지 말라. 목적 없음, 기대 없음, 이것이 진정한 '가슴'이다. 그 자연스러움이 수행의 전부이며, 수단이며, 목적이 되게 하라. 그대의 탐구가 단순함, 순수함에서 자연스럽게 우러나오도록 하라.

영진설비 돈 갖다 주기

박철

막힌 하수도 뚫은 노임 4만 원을 들고
영진설비 다녀오라는 아내의 심부름으로 두 번이나 길을 나섰다
자전거를 타고 삼거리를 지나는데 굵은 비가 내려
럭키슈퍼 앞에 섰다가 후드득 비를 피하다가
그대로 앉아 병맥주를 마셨다

중략

다시 한 번 자전거를 타고 영진설비에 가다가
화원 앞을 지나가다 문밖 동그라니 홀로 섰는
자스민 한 그루를 샀다

중략

마침내 영진설비 아저씨가 찾아오고
거친 몇 마디가 아내 앞에 쏟아지고
아내는 돌아서 나를 바라보았다
그냥 나는 웃었고 아내의 손을 잡고 섰는
아이의 고운 눈썹을 보았다
어느 한쪽,
아직 뚫지 못한 그 무엇이 있기에
오늘도 숲속 깊은 곳에서 쑥국새는 울고 비는 내리고
홀로 향기 잃은 나무 한 그루 문밖에 섰나

중략

내겐 아직 멀고 먼
영진설비 돈 갖다 주기

2) 홀로 있음과 침묵

그 누구와도, 그 어떤 관계에서도 소통과 공유는 불가능하다는 사실에 직면해야 한다. 홀로 있고자 하는 결단과 실행이 수반되어야만 그대는 군중으로부터 자유로워질 수 있다. 이런 자각과 노력이 인격이 아닌 그대 자신의 고유한 개체성을 탄생시키고, 정체성에 대한 탐구를 시작할 수 있게 해준다. 이런 과정이 진행될수록 더욱 깊이 자신에게 침잠(沈潛)할 수 있을 것이다.

침묵은 수행자의 기본자세이고, 좋은 방편이고, 최고 덕목 중의 하나이다. 상대에게 실례가 되지 않는 범위에서 최소한의 표현만 하고, 홀로 있을 때는 마음의 지껄임을 주시하고, 가능하면 메모해 보라. 그러면 내면의 재잘거림이 더 잘 드러나고, 무의식적인 언어 습관으로 인하여 비(非)각성 상태에서 자신이 도대체 무엇을 지껄이고 있는지를 알아차리게 해준다. 그것들의 무의미한 기계적인 반복들이 보이기 시작할 것이고, 그대는 더욱 침묵 속으로 침잠할 수 있을 것이다. 침묵 수행은 수행자들이 쓸데없는 질문이나 지적과시(知的誇示) 때문에 발생되는 에너지 유출을 방지하고 수행에 천착(穿鑿)할 수 있게 고안된 방편이다.

이런 과정을 그대가 충실하게 수행하게 되면, 우리가 얼마나 무의미하고 타인에게 피해를 주는 '오물'을 주고받으면서 그것에 이해, 소통, 배려, 봉사, 나눔 등의 근사한 명칭을 갖다 붙이고 있는지, 한편의 블랙 코미디(Black Comedy)를 감상하게 될 것이다. 그러면 이 사회 구성원 모두가 그대와 전혀 다르다는 놀라운 사실을 알게 될 것이다.

생명의 서(書)

유치환

나의 지식이 독한 회의(懷疑)를 구(救)하지 못하고
내 또한 삶의 애증을 다 짐 지지 못하여
병든 나무처럼 생명이 부대낄 때
저 머나먼 아라비아의 사막(沙漠)으로 나는 가자

중략

그 열렬한 고독(孤獨) 가운데
옷자락을 나부끼고 호올로 서면
운명처럼 반드시 '나'와 대면케 될지니
하여 '나'란 나의 생명이란
그 원시의 본연한 자태를 다시 배우지 못하거든
차라리 나는 어느 사구(砂丘)에 회한 없는 백골을 쪼이리라.

촛불

김귀례

나의 눈물을 위로 한다고
말하지 말라
나의 삶은 눈물 흘리는 데 있다
너희의 무릎을 꿇리는 데 있다

중략

눈물 흘리지 않는 삶과
무릎 꿇지 못하는 삶을
오래 사는 삶이라고 부러워하지 말라
작아지지 않는 삶을 박수치지 말라
나는 커갈수록 작아져야 하고
나는 아름다워질수록 눈물이 많아야 하고
나는 높아질수록 완전히 사라져야 한다.

'종묘제례악'
※ 참고 : 여기서 조선 왕조 역대 임금의 신위를 모신 종묘에서 제사 때 쓰이는
제례악을 한 번 들어보는 게 좋을 듯하다.

3) 하심(下心)과 용서

신찬 선사(神讚 禪師)가 백장을 만나 깨닫고, 그가 원래 공부하던 본사로 돌아오니 옛 스승이 물었다.

"그대는 내 곁을 떠나 무엇을 익히고 왔는가?"

"아무것도 익힌 것이 없습니다."

하루는 스승이 목욕을 하는데 대사에게 등을 밀라고 했다. 대사가 등을 문지르며 말했다.

"불전은 좋은데 부처가 영험하지 못하구나."

은사가 고개를 돌리자 대사가 또 말했다.

"영험하지는 못해도 광명을 놓을 줄은 아는구나."

스승이 하루는 창 밑에서 경을 읽는데, 마침 벌이 들어와서 나가지 못하고 문창호지에 부딪치기만 하였다. 대사가 이를 보고 말했다.

"세상이 저렇게 넓은데 나가지 못하고 문창호지만 두드리니, 나귀 해에나 나가려나?"

스승이 경을 덮고 물었다.

"네가 아까부터 이야기하는 것이 이상야릇하구나. 행각을 하다가 누구를 만났느냐?"

"제가 백장화상의 가르침을 받고 이제는 스승님의 덕을 갚으려 하옵니다."

그때 그의 스승이 대중에게 고해서 법석을 열고 대사에게 설법을 청했다.

스승이 제자의 깨우침을 알아차리고 자신은 아직 그 경지에 이르지 못했음을 인정하고, 제자에게 가르침을 청한다는 것은 유례가 없는 유일무이(唯一無二)한 아름다운 광경이다. 진리를 추구하는 수행자는 마땅히 이런 하심(下心)과 겸손의 자세를 갖추어야 한다. 자신의 구도심이 절실하지 못하고, 수행력이 많이 부족하다는 진실한 겸손의 자세가 없다면, 항상 교만의 싹이 솟구친다는 것을 명심해야 한다. 자신이 꽤 괜찮고 잘난 존재라는 우월의식은 모조리 씻어내야 한다. 이제 첫발을 내디딘 것은 축복이지만, 이 여정에 먼저 들어선 수행자들과 여행을 마친(?) 스승들에 비한다면 그대는 정말로 유치원생일 뿐이다.

그대가 가족과 지인들까지 포함하여 타인들에게서 받은 심리적 상처를 내려놓고 그들을 진정으로 용서해야 한다. 사실 그들은 그대에게 고의적으로 그렇게 한 것이 아니다. 그들의 에고의 한계를 이해하고 그 '짐'을 내려놓아라. 그대가 무의식적으로 저질렀던 타인들에 대한 실수와 그로 인해 발생되었을 상처에 대해서도 진정으로 용서를 빌어라. 비록 그들을 직접 만나지는 못하더라도. 기억 속에만 존재하는 과거의 무의미하고 해롭기까지 한 부담스러운 십자가는 치워버려라. 이 여정은 멀고 험하다. 가능한 한 짐을 내려놓아야 한다.

긍정적인 밥

함민복

전략

시집 한 권에 삼천 원이면
든 공에 비해 헐하다 싶다가도
국밥이 한 그릇인데
내 시집이 국밥 한 그릇만큼
사람들 가슴을 따뜻하게 덮여줄 수 있을까
생각하면 아직 멀기만 하네

시집이 한 권 팔리면
내게 삼백 원이 돌아온다
박하다 싶다가도
굵은 소금이 한 됫박인데 생각하면
푸른 바다처럼 상할 마음 하나 없네.

4) 양초와 불꽃

인간이 몸으로 환생하고자 하는 욕구를 갖고, 이번 생에 대한 계획을 세우고 실행에 옮겨서 물질계의 한 일원으로 지구별에 오게 된 것은 커다란 의미와 실행의 계획이 있었기 때문이다. 육신을 통하여 교훈을 얻고 보다 성숙한 존재로의 도약을 위한 숭고한 목적으로 그대는 이곳에 존재하고 있는 것이다.

몸은 그대 존재 전체에 아주 작은 일부분일 뿐이다. 몸은 그대가 모든 것을 걸고 지켜야 할 정도의 가치 있는 물건(?)이 아니라는 인식이 생겨나야 한다. 몸이 양초라면 불꽃은 우리가 성숙시켜야 할 의식이다. 자신에 대해 조금 더 관심을 갖고 삶을 회광반조(回光返照)해야 한다. 우리가 몸에 머물고 있을 때 가능한 모든 배움의 기회를 최선의 방법을 활용하여 의식의 본향(本鄕)으로 나아가는 도구로 활용하여야 한다.

몸을 잘 돌보고 가꾸되 집착하지 말고, 초월의 가능성은 항상 몸에서부터 시작됨을 또한 잊지 말라. 그 누구도 그 무엇도 그대를 파괴하거나 구원해 줄 수 없으며, 오로지 그대만이 자신을 구원할 수 있다는 것이, 그대에게 주어진 운명이며 가능성이다.

5) 자유와 책임

인간을 포함한 모든 생명체들이 알든 모르든 진정으로 원하는 것은 진리의 체험을 통한 궁극적인 자유이다(대부분 행복이라고 생각하지만). 대중들이나 이 여행을 시작한 수행자들 모두는 자유, 즉 각자가 되기 위해서 이 별에 여행온 학습자들이다. 모든 사람들이 원하고 누리고 싶어 하는 행복과 사랑, 풍요, 안정 등은 진정한 자유의 부수적인 산물이며, 그런 것들은 최종 목적지가 아니라, 궁극의 자유를 체험함으로써 저절로 끌려오는 것들이다.

자유에는 반드시 책임이 따르는 법. 책임을 변명하거나 합리화하는 것은 수행에 결정적인 방해요소가 된다. 시인, 사과하면 그런 행위 자체가 수행의 '진일보(眞一步)'이며 성장의 큰 한 걸음을 내딛는 것이다. 고통과 난관의 경우는 더욱 자발적으로 수행자들이 책임을 흔쾌히 수용해야 한다.

6) 우직함과 예민함

이 수행의 길에서 요구되는 첫 번째 항목은 어리석게 보일 정도로 단순히 알고자 하는 갈증이다. 두 번째 항목은 반짝반짝 빛나는 감성이다. 어떤 자극에 대한 변화 과정을 거치면서, 드러나는 이정표를 알아차리는 예민한 '가슴'이 필요한 것이다. 우직한 수행의 자세와 민감한 가슴이 동시에 조화를 이루는 것이 이 여행의 필수 품목이다.

7) 실수와 배움

인간은 하나의 범주로 국한시킬 수 없는 상반된 특징을 지녔지만, 조금 더 깊은 통찰을 하면 동전의 양면과 같은 유기적이고 통일적인 조화를 이루고 있다. 섬과 섬 사이가 바다로 단절되어 있는 듯이 보이지만 깊은 곳에서는 땅으로 연결되어 있는 것과 같은 이치이다.

우리는 이른바 도덕적 측면에서는 선하고, 바르고, 정의롭고, 대중들이 공감할 수 있는 미덕들을 추구하는 한편, 자신의 목전의 이익이나 편안함, 안전에 대한 집착 등이 공존한다는 것을 이해해야 한다. 우리는 이 두 가지 특성이 혼재(?)되어 갈등을 일으키는 융합체이다. 그렇기 때문에 우리가 희망하는 것과 실제 행위 사이에서 늘 존재하는 간격과 실수는 너무나 당연한 것이다.

모든 사람들이 오류를 범하고 실수를 저지른다. 그것이 인간들의 속성이다. 스승들조차도 깨달음에 이르기 전까지는 대중들보다 더 많은 오류와 실수를 범한다. 단지 그들은 일반인들과 다르게 그것들을 그냥 흘려버리거나 반복하지 않고 그 과정에서 반드시 교훈을 발견하고 수행의 도구로 적절하고 효율적으로 사용했다.

올더스 헉슬리가 "인간이 역사로부터 교훈을 얻지 못한다는 것이 역사의 가장 큰 교훈이다."라는 독설적인 절규와는 다르게, 무엇이 그대를 찾아오든 그것을 전면적으로 느끼고 협조하라. 그 난제(難題)들이 스스로를 주장하게 하라.

수행자들은 도전으로 다가오는 모든 상황에 적극적으로 부딪혀서 경험해 본 후, 그 결과를 다각도에서 바라보고 교훈을 통하여 자신의 수행에 도움이 되도록 교정의 과정을 거쳐야 한다.

8) 처성자옥(妻城子獄)

우리의 본성은 우리들 자신을 잠시도 떠나본 적이 없이 항상 함께 존재하고 있는 것이다. "만일 육신이 영혼을 위해 존재한다면, 그것은 하나의 기적이다. 그러나 만일 영혼이 육신을 위해 존재한다면, 그것은 기적 중의 기적이다. 그러나 나는 어떻게 이 커다란 부(富)가 이런 가난 속에 거주하는지 경이로움을 느낀다."는 예수의 언급은 "신의 왕국은 그대 안에 있다."[4]라는 반복되는 표현으로 이어진다. 즉, 우리의 본성인 진리는 항상 우리와 함께 존재하고 있지만 단지 그 사실을 자각하지 못하기 때문에 혼란과 방황을 겪고 있는 것이다.

사회생활을 하면서 가족의 생계를 책임져야 하는 가장들이 수행한다는 것은 어렵고 힘든 일이다. 경제활동은 그대의 많은 에너지와 시간을 소모시키지만, 퇴근 후나 주말, 공휴일 등 그 일로부터 벗어나 홀로 있는 침묵의 시간 속에서 자신과 대면하고, 들여다보고 탐구해 나아가라.

처성자옥의 짐을 탓하지 말라. 오히려 그것이 그대의 수행에 다양한 상황을 제공해 주는 참된 스승이라고 수용하라. 결혼과 가족생활이라는 것이 천국과 지옥을 반복해서 경험하면서 그대를 단련시켜주는 수행의 과정이라는 것을 깊이 인식해야 한다. 사바세계라는 전쟁터에서 살아남고 성장하는 진정한 수행자가 되어라.

중과부적(衆寡不敵)

김사인

조카 학비 몇 푼 거드니 아이들 등록금이 빠듯하다
마을금고 이자는 이쪽 카드로 빌려 내고
이쪽은 저쪽 카드로 돌려 막는다 막자

---

4. 도마복음

중략

자동차세와 통신요금 내고
은행카드 대출 할부금 막고 있는데
오래 고생하던 고모 부고 온다 조문하고 막 들어서자
처남 부도나서 집 넘어갔다고
아내 운다

'젓가락은 두 자루, 펜은 한 자루…… 중과부적!'(노신)

이라 적고 마치려는데,
다시 주차공간미확보 과태료 날아오고
치과 다녀온 딸아이가 이를 세 개나 빼야 한다며 울상이다
철렁하여 또 얼마냐 물으니
제가 어떻게 아느냐고 성을 낸다.

9) 투자

　최고수준의 클래식 연주자들은 '하루의 연습을 쉬면 그 자신이 알고, 2일을 쉬면 스태프들이 알고, 3일을 쉬면 관객이 알아본다.'는 경구(?)가 있다. 이 수행의 길은 너무나 정직하고 틀림없고, 건너뜀이 있을 수 없는 과정이다.

그대가 투자하는 시간과 열정, 노력, 인내, 끈기, 기다림, 에너지의 양이 조금이라도 부족하면 에고의 임계치(臨界値)에 도달할 수 없으며, 진리는 절대로 드러나지 않는다.

10) 조언

타인들의 조언이 옳든 그르든 간에 신중하게 들어라. 설령 그 충고가 터무니없는 것이라고 할지라도 그런 기회는 자주 오지 않는다. 그 조언이 그대의 의견과 정면으로 배치되는 것이라 할지라도 그것은 값진 것이다. 왜냐하면 그런 의견이 존재한다면 그것도 전체의 일부이기 때문이다.

그대의 생각에 심하게 거슬릴지라도 그저 조용히 귀 기울여 주고, 그런 조언이 그대를 성장시킬 수 있는 스승의 가르침으로 여겨라. 아니면 웃으면서 무시해 버리고 그대가 옆으로 슬쩍 돌아가면 되지 않겠는가. 물(水)을 보라.

11) 모방금지

수행은 그 누구도 모방해서는 안 되며 설령 스승의 가르침이라도 의심 없이 믿으며 추종해서는 안 된다. 스승을 신뢰하고 공경하며, 헌신하는 것은 수행자의 기본자세이지만, 스승을 모방, 추종하는 앵무새가 된다면 병 중에 큰 병이고, 스승 또한 그런 수행자들에게 주장자 30방을 칠 것이다.

도반들의 어떤 격려나 위안 등에 연연해서는 안 되며, 수행 정도를 일러주는 스승의 고마운 평가도 참고의 대상일 뿐, 오로지 홀로 정진해야 한다. 성자들의 설법이나 경전을 인용하여 자신의 실수나 오류를 방어하거나, 수행 정도를 과시하려는 어리석음을 범해서도 안 된다.

스승이 해냈다면 그대도 할 수 있는 것이다. 자신을 믿고 수행을 신뢰하고 더 가열 차게 정진하면 되는 것이다. 만일 그대가 도반이나 스승을 모방하고 추종하기 시작한다면 이미 샛길로 빠져든 것이다. 작은 목적(?)을 이룰 수 있을지 몰라도 그대는 그저 '복사본(複寫本)'에 불과할 뿐이다. 모든 스승들이 "'나'를 밟고 넘어가라."고 한 마지막 가르침을 잊어서는 안 된다.

12) 불비타인(不比他人)

수행자들의 병폐(病廢) 중의 하나가 자신의 수행 정도를 타 수행자들과 비교해 보려는 것이다. 비교한다는 것 자체가 에고의 장난임을 알아 차려야 한다. 이번 생에서 그대가 알게 되는 타 수행자들의 수준은 현생에서의 노력만으로 드러난 것이 아니다. 과거생의 수행의 총합에 의한 결과물을 그대의 짧은 식견으로 비교, 판단하려고 하지 말라. 그대는 자신의 과거생을 알지 못하며, 타 수행자들의 그것 또한 마찬가지이다. 타 수행자들의 수준에 대한 그대의 관심은 전적으로 에너지 낭비이다. 다른 수행자들의 모범적인(?) 수행 태도가 그대의 도전을 자극하는 순기능의 역할은 수용하고, 단점은 덮어 줄 수 있는 '그릇'을 키워야 한다.

그대가 참고하고 깃발로 바라보며 나아가야 할 단 한 사람은 스승뿐이다. 그 분에 비해서 수행심이 얼마나 부족하고, 무지하며 걸어가야 할 길이 얼마나 많이 남았는지 감조차 잡지 못하고 있는 그대 자신의 초라한 수준을 뼈저리게 자각하며 묵묵히 걸어가야 될 일이다.

13) 구분

자신을 즐겁게 해주는 자극을 좋아하는 것이 인지상정이다. 5가지 감각을 만족시켜 주게 되면 도파민과 같은 뇌의 특정한 호르몬 분비에 의해 기쁨과 만족, 즐거움 등을 경험하게 된다. 그러나 즐거움을 느끼는 주체는 그대 자신이 아닌 에고이다. 에고의 만족은 그대의 성장을 방해한다. 에고의 만족을 정확하게 파악하고 제거하지 않으면, 변형도 변혁도 일어날 수 없다.

지금 당장 그대가 하기 싫은 것, 괴로운 것, 피하고 싶은 것, 그러나 꼭 해야만 하는 것을 잘 구별해서 그대 자신의 내면의 소리에 귀 기울이고 감응해보라. 반드시 내면의 안내자가 그대에게 이정표를 제시하고 방향을 알려줄 것이다. 처음에는 망설이게 되고 실행의 초기 단계에서는 힘들더라도 에고의 유혹인 연기, 나태 등에 넘어가지 말라.

6. 실제 수행과정

1) 예비 수행자들

(1) 지성과 자기인식
'에고의 결정화'인 지성의 최고 수준까지 이르러야만 이성과 지성의 한계가 보이기 시작한다. 자신이 은근히 뽐냈던 교양 있는(?) 지식인적인 태도가 얼마나 교만하였는지를 인식하여야만, 자신의 존재에 대한 의문과 영적 세계에 대한 관심이 일어나고, 이 수행의 길에 접어들 수 있는 것이다. 소위 '이성의 자살', '지성의 파괴'라는 지성의 최고 정점에 도달한 후에 그것들을 뛰어넘는 과정이 필수적이다.

가벼운 호기심과 관심은 수행을 지속시킬 수 있는 힘을 수반하지 못하기 때문에, 이내 그것들은 사라지고 어설픈 수행자들은 쉽게 포기하고 만다. 자신의 지성을 파괴할 수 있는 놀라운 능력자들이야말로 고된 수행을 계속 밀고 나갈 수 있는 괴력을 발휘하게 된다.

혼돈하지 말아야 할 것이 있다. 즉, '자아 인식'과 '자기 인식'의 차이점이 그것이다. 그대가 알고 있는 모든 것은 자아에 대한 인식이며, 그대가 수행하며 공부해야 할 것은 '자기'에 대한 탐구이다. 또 하나는 그대가 수집해서 알고 있는 지식과 정보들은 '지력'에 관한 것이며, 그대가 추구하고 넘어서야 하는 것은 '지성'이다. 자아 인식과 지력은 그대가 살아오면서 축적해온 쓰레기들이며, 자기 인식과 지성은 최종 목표인 '그것'에 도달하기 위해서 필요한 도구들이다. 이 도구들을 적절하게 사용하고 직접 행함으로써 그대의 수행은 조금씩 더 깊어지게 되는 것이며, 이것이 성장, 성숙되는 유일한 길이기도 하다.

서시

이정록

마을이 가까울수록
나무는 흠집이 많다

후략

(2) 결심

결심은 그대의 존재를 강렬하게 의식하게 해주고 과감한 결단성을 함양
시켜주는 필수적인 항목이다. 주변에서 그대에 대한 그릇된 편견에도 흔
들리지 않게 해주는 보호막 역할을 해주며, 자신의 실수에 대하여 당당히
책임질 수 있는 의지를 고양시켜준다. 수행과정에서 직면하게 되는 많은
문제들과 고통의 순간에 초심(初心)을 상기하고 견디고 나아갈 수 있는
금강의 힘(Para)이 되어 줄 것이다.

발심 이후 구체적으로 실천에 옮기기 위해서는 실행이 수반되어야 한다.
이런 결심과 실행이 그대를 깨어나게 하는 것이다. 악습과의 결별에는 아
픔과 괴로움이 당연히 발생하지만, 그 결심을 번복하거나 후퇴해서는 안
된다.

2) 수행 초기

(1) 이해

초기 수행자들이 가장 먼저 해야 할 수행방법은 자신에 대한 이해다. 스스로도 도저히 용납할 수 없는 단상들이 떠올라도 그것이 자신의 일부라는 것을 인정하라. 그리고 자신이 생각하거나 생겨나는 좋은 단상들 또한 그대의 한 부분임을 이해하라. 이런 이해와 인정하는 자세가 무엇보다 중요하다.

질투는 나의 힘

기형도

아주 오랜 세월이 흐른 뒤에
힘없는 책갈피는 이 종이를 떨어뜨리리

중략

나 가진 것 탄식밖에 없어
저녁 거리마다 물끄러미 청춘을 세워두고
살아온 날들을 신기하게 세어보았으니
내 희망의 내용은 질투뿐이었구나

그리하여 나는 우선 여기에 짧은 글을 남겨둔다

나의 생은 미친 듯이 사랑을 찾아 헤매었으나

단 한 번도 스스로를 사랑하지 않았노라.

(2) 느린 반응

초기 수행자들이 겪는 착오 중의 하나는 각 종교의 경전들, 영적 스승들의 법문에서 수행의 방법이나 진리의 그림자라도 찾아보려고 시도한다는 것이다. 경전이나 법문에서는 일정하고 일관된 체계가 드러나지 않는다. 왜냐하면 그것들은 당시에 수행자들의 근기나 수행의 수준에 따라서 스승들이 이렇게, 저렇게 심지어는 정반대의 수행법을 제시하기 때문에 초기 수행자들은 방편의 불일치성으로 인한 혼란만 가중될 뿐이다.

아주 쉽고(?) 간단한 수행법은 그대가 일상생활에서 부딪히는 각 상황에서 자신이 어떻게 반응하고 행동을 결정하는지를 관찰하는 것이다. 즉각적인 반응 대신에 조금 더 느리게 여유를 갖고 천천히 반응할수록, 반응하는 주체인 그대 자신에 대한 자각이 성장한다. 슬로 모션(Slow Motion)의 이 수행방법이 교과서라 여기고 면밀히 반복해서, 놓치더라도 실망하지 말고 계속 밀고 나아가다보면 익숙해질 것이다.

한편으로는 그때그때 떠오르는 단상들과 그 뒤에 이어지는 연상 작용들을 메모해 보라. 일주일간 빠짐없이. 직장 상사에 대한 불만, 가족 간의 갈등, 신체가 보내는 오류 메시지(Error Message), TV나 신문에서 접하게 되는 그 많은 부조리와 부패 등등. 뭐든지(쉽지 않을 것이다). 그 결과를 항목별로 나누어서 덩어리로 분류해보라. 불만은 몇 가지로 분류되며,

동일한 불만이 계속 반복되고 있음을 알게 될 것이다. 그 불만의 심층적인 원인이 무엇일까를 고민해보라.

우선 자신이 무엇에 얽매여 있는지 그 '사슬'을 찾아내라. 그것을 해체하려고 시도하지 말라. 그 사슬에 묶여있는 그대 자신을 이해하고 자신에 대해 너무 무관심했다는 사실과 조우하라.

(3) 알아차림과 지켜봄

모기에 물리게 되면 긁거나 약을 바르고 그놈을 잡으려 하는 것은 인지상정(人之常情)이다. 하지만 수행자들은 그 간지러움을 '관조'할 수 있는 수행력을 길러야 한다. 긁지 말고 그저 지긋이 그 부위와 가려움을 바라보라. 처음에는 쉽지 않겠지만, 반복되는 훈련을 통하여 그 부위가 정확하게는 아주 작을 뿐이며 가려움도 이내 사라지는 것을 경험할 수 있을 것이다.

우리는 외부의 자극과 내부의 욕구에 의해 발생되는 1차적인 사고와 느낌, 감정, 욕망들이 일어나는 것을 감지하지 못하고, 즉시 그것들에 대해 반응하는 2차적인 행동을 취하게 된다. 수행은 인간의 5가지 감각으로 파악하는 대상뿐만 아니라 그 감각이 '보고'하는 정보의 내용을 비교와 판단, 분석, 저장, 지시하는 마음의 작용 전체를 바라보는 것이다.

그대가 어떤 방법을 사용하여 그것들에 대응하여 변화시키고 제거하려는 시도 그 자체가 에너지를 부여하고 관심을 부추겨서 에고의 질긴 생명력(?)을 더욱 강화시킨다. 자극과 욕망에 대해 1차적으로 깨어서 바라보고, 그것에 대해 에고가 반응하는 것을 억제하거나 '방향 바꿈'하지 말고, 그대로 내버려 두면서 그것들이 일어나고 놀다가 사라지는 전체과정을 바라보고 이해하면 되는 것이다.

그것과의 '거리'와 '간격'이 클수록 그대가 주시할 수 있는 능력은 향상될 것이고, 그것은 발생한 것과 동일하게 슬며시 사라질 것이다. 한 발 물러서서 고요히 바라보는 그대는 '관조자'임을 명심해야 한다.

(4) 질문

수행에서 그대가 첫 번째로 배워야 할 교훈은 아이러니 하게도 '질문하지 말라'이다. 의문이 생겨서 묻고 싶은 욕구는 당연하겠지만, 묻지 말라. 그 욕구가 치솟는 그 상태를 주시하라. 그 질문이 생겨나는 그대의 상태를 면밀하게 느껴라. 계속 바라보라. 해답을 찾지 말라. 질문과 대답을 통해서 진리가 드러나는 것이 아니다. 그런 의문을 발생시키고 있는 그대 자신을 파고들라. 왜 이런 의문이 발생하는지에 대한 보다 근본적인 의문을 가져라. 그대가 탐구해야 할 대상은 자신의 의식이다. 의문 자체에 대한 '의문'이 수행의 핵심이다.

(5) 목록작성

그대가 소중하다고 생각하는 것, 평생 간직하고 싶은 것, 잃고 싶지 않은 것 등의 목록을 작성해보라. 그 목록의 각 항목 밑에 그것이 왜 그러한지 그 이유를 명기하라. 예를 들면 ~항목 일곱 번째 소중한 것이 애완견이라면 예 : '7. 애완견'이라고 쓰고 그 밑에 "이 개는 나의 외로움을 덜어주니까." 이런 식으로 각 항목을 완성시켜 나가라.

그 목록이 모두 작성되어서 1. 직장
이유 : ~~는 ~~~ 먹고 살기 위해서~~

2. ~~~

3. ~~~~

10. ~~~~

이렇게 모두 완성하였다면, 그 소중한 것들과 그 이유를 꼼꼼히 살펴보라. 그대가 수행의 길에 들어서서 성장과 성숙을 원한다면, 목록 10번이 아닌 1번부터 버려나가는 것이 도움이 될 것이다.

입은 채로 벗어라. 산 채로 죽어라.

(6) 참수(斬首)

조건화, 동일화된 사고체계를 파괴, 제거하는 것이 수행의 일차적인 목표인데 이 과정은 너무나 험난하다. 왜냐하면 자신이라고 믿어 의심치 않는 사고체계를, 자비로운(?) 스승의 칼날에 스스로 '목'을 내밀며 참수해 달라는 수행자가 과연 얼마나 있겠는가? 그리고 스스로 자신의 목을 쳐낼 수 있는 수행자가 있을 수 있겠는가?

[마조와 은봉(馬祖와 隱峰)]

은봉이라는 승려가 깨달아서 선사가 되었다. 은봉은 다시 스승인 마조선사에게로 가서 묵묵히 일을 하였다. 하루는 은봉이 흙 수레를 끌고 가는데, 스승 마조가 길바닥에 다리를 쭉 뻗고 앉아 있었다. 은봉이 손수레를 끌고 오다가, 좁은 길에 마조가 다리를 뻗고 있는 그 앞에 멈추어 섰다. 은봉은 합장을 하고 말했다.

"스승님, 다리를 오므려 주십시오."

"나는 한 번 편 것은 오므리지 못한다."

"저도 굴러가는 수레를 멈출 수가 없습니다."

마조가 천연스레 앉아 있으니, 은봉은 흙을 잔뜩 실은 수레를 끌고 그대로 지나갔다. 마조가 다리를 다쳤다. 그날 저녁 마조는 다리를 절며 대중 앞에 나왔다. 마조의 손에는 서슬이 시퍼런 도끼가 들려 있었다.

"아까 운력(運力, 雲力) 때 흙 수레를 몰고 내 다리를 치고 지나간 녀석이 누구냐? 빨리 나와!"

대중은 선사의 호령에 몸을 떨었다. 그때 은봉이 선사 앞으로 나왔다. 그리고 퍼런 도끼 앞에 목을 쑥 내밀었다. 마조는 도끼를 땅에 던지고 방장실로 들어갔다.

수행자는 모름지기 이런 불퇴전(不退轉)의 기상을 지녀야 한다.

(7) 사랑

누군가와 사랑에 빠져서 기쁨과 고통을 느껴보는 것은 정말로 멋진 경험이다. 그런 경험은 당신 혼자서 할 수 있는 것이 아니고 항상 상대방이 필요하다. '사랑'은 자신의 가슴을 열고 상대가 그대에게 소나기나 폭우가 아닌 가랑비에 옷이 젖어들 듯이 스며드는 것을 허락하는 것이다. 수줍게, 조심스럽지만 순수하게, 열린 마음으로 수용하는 것이다.

우리는 '사랑을 하는 것'이 아닌 '사랑에 빠지는', '행위'가 아닌 '존재의 상태'를 경험할 수 있을 뿐이다. 저녁 무렵 어둠이 젖어들 듯, 해뜨기 전 산 넘어 여명에 의해 점차 날이 밝아오듯, 그렇게 천천히 다가오는 그 깊이 때문에 사랑은 끈기와 기다림이 요구되는 것이다.

예수가 "신은 사랑이다."라고 반복해서 강조하는 이유는 사랑에는 너무나 많은 것들이 내포되어 있고, 엄격한 수행보다는 우리가 '사랑'을 통해서 보다 쉽게 신성에 접근할 수 있기 때문이다. 자신의 모든 것을 상대에게 내어주려는 진정한 사랑의 자세는 그대의 여행에 훌륭한 동반자가 되어 줄 것이다.

에고가 일시적으로 사라지는, 사랑이 주는 만족감의 경험이 그대를 성숙시킨다. 그러나 사랑의 만족감은 잠시뿐이고 그대와 상대방은 수시로 마찰을 일으키며 갈등을 경험하게 된다. 그대는 상대방의 사랑을 통해서는 결코 만족할 수 없음을 알게 되고 그 불만이 그대를 홀로 있게 함으로써, 자신을 탐구하여 신성에 이르게 하는 준비 과정이 되는 것이다 .

사랑을 경험해 봐야 명상을 체험해 볼 수 있는 토대가 마련되는 것이다. 자연이 그대에게 선물한 사랑을 통하여 명상으로 나아가고 신성에 이르는 것이 여행의 전체과정이다. 그러니 사랑을 해보지 않았다면 지금 즉시 사랑을 하라.

눈

오세영

순결한 자만이
자신을 낮출 수 있다
자신을 낮출 수 있다는 것은

남을 받아들인다는 것,

인간은 누구나 가장 낮은 곳에 설 때

사랑을 안다

살얼음에는 겨울,

추위에 지친 인간은 제각기 자신만의

귀갓길을 서두르는데

왜 눈은 하얗게 하얗게

내려야만 하는가,

중략

눈은 낮은 곳에 이르러서야

비로소 녹을 줄을 안다

나와 남이 한데 어울려

졸졸졸 흐르는 겨울물 소리

언 마음이 녹은 자만이

사랑을 안다.

춘향가 중 '사랑가' : 안숙선과 조상현
※ 참고 : 여기서 가객(歌客)들의 소리를 찾아 한 번 들어보는 게 좋을 듯하다.

(8) 배고픔

우리가 일상생활 속에서 쉽게 경험할 수 있는 고통 중의 하나는 배고픔이라는 본능이다. 우리는 배가 고프면 그 배고픔을 해결하기에 급급하지 그것을 유발시킨 주체인 자신의 배고픔의 감각에 대해서는 인식하지 못한다.

그대가 배고플 때, '지금 내 육체가 음식을 원하고 있구나.'라는 것을 인식하며 각성하는 과정은 철저하게 생략되고, '내'가 배고픈 것이고 그 배고픔을 어떻게 빠르게 해소할 것인가에 모든 관심이 집중되는 것이다.

배고픔을 바라보라. '배고파!'라고 내뱉지 말고, '내 육체가 배고픔을 일으키고 있구나.'라는 사실을 인식하고 바라보라. 그것도 전체적으로 치열하게. 그 배고픔으로 인하여 신체에 어떤 변화가 일어나는지, 그대의 마음이 어떤 방식으로 음식을 갈망하는지, 무엇을 먹고 싶어 하는지, 누구와 먹고 싶은지 그 모든 것을 알아 차려라.

그 이후에 배고픔을 자연스럽게 해소시켜라. 그 고통에 머물러라. 앞서서 뛰쳐나가지 말라. 그리고 식사과정 전체를 자각하라. "실제적인 상황이 없으면 깊은 내용을 얻을 수 없다."라는 수피들의 금언이 전해져 오고 있다. 그대를 찾아오는 일상의 모든 상황들이 수행의 좋은 재료가 되는 것이다.

(9) 단식

수행자들은 일정한 시간에 식사를 해야 하고 과식을 하거나 간식 먹는 것을 삼가야 한다. 기본적인 에너지를 확보하기 위해 식사를 하는 것 일뿐, 맛이나 식탐에 빠져서는 안 된다.

대부분의 수행 단체들은 단식을 기본적인 수행법으로 수용하고 있다. 단식은 수행자들이 먹기 위한 관심, 먹는 행위에 소모되는 시간을 줄여주고 몸속의 노폐물을 제거해주며, 머리가 맑아지는 듯한 느낌인 의식을 한층

투명하게 해주는 효과가 있다.

단식을 시작하면 처음 3~5일 동안은 음식에 대한 끊임없는 잡념과 유혹이 그대를 괴롭히지만, 계속해서 그대가 몸에서 요구하는('뇌'에서 갈망하는) 음식을 거절하면 몸은 자신을 방어하기 위한 제2의 메커니즘을 가동시킨다. 음식이 공급되지 않으면 몸이 파괴될지도 모른다는 몸 자체의 지혜에 의해서, 몸에 축적해 놓은 에너지를 소모시키면서 스스로를 유지시키려고 한다. 즉, 몸이 자신의 근육을 먹기 시작하는 것이다. 처음 10여 일 정도는 하루에 본인 체중의 약 1% 정도씩 감소하지만, 20일이 넘어가게 되면 육신의 활동량도 현저히 줄어들게 되고, 몸도 비축해 놓은 에너지 양의 한계를 인식하고 있기 때문에 하루에 0.5% 정도의 체중이 줄어든다.

단식은 음식물을 섭취, 소화, 배설하는 데 반드시 사용되어야만 하는 에너지의 소모를 줄여주며, 여분의 에너지가 내부로 향하게 하여 수행자들의 의식을 보다 예리하게 깨워나가고 각성시키고자 하는 방편이다. 하지만 단식을 오랫동안 한다고 해서 수행이 비약적으로 성장하는 것은 아니다.

깨어있는 의식으로 물과 소금만 섭취하며 최소한 3~4주 정도 단식을 하면 그대는 자신이 몸이 아니라는 사실을 확인할 수 있다. 몸과의 동일화의 파괴는 그대가 도약할 수 있는 원동력이 될 것이다. 단식은 그대가 자주 놓치는 '눈치 채기'와 '바라보기'의 간격을 줄이고, 깨어있는 의식을 보다 오랫동안 유지할 수 있게 해주는 방편이다.

(10) 악습의 교정

인간의 육체가 정상적인(?) 기능에 문제가 생기면 에너지는 항상 그곳에 먼저 투여되어 고장 난 신체부위를 수정한 후에 그 다음 과제인 마음의 문제를 해결하기 위해 에너지가 사용되어진다. 육체의 에러 메시지 때문에 수행이 방해받지 않도록 자신의 육신을 잘 돌봐 주어라. 잘못된 생활습관을 점검하고 육체의 질병이나 불편한 부위들을 찾아내어 시간과 에너지를 투자하라.

'바라보기' 수행은 에고가 일으키는 금단 현상에 의해 발생되는 '이번 딱 한 번만'이라는 유혹과 그것을 거절하는 마찰을 통하여, 에고와 결단력이 한 판 승부를 벌이는 대결의 장을 생중계하듯이 면밀하게 지켜보는 것이다. 끊임없는 에고의 유혹과 그것을 거부하는 그대의 수행력 대결은 그대를 성장시키고 예리하게 성숙시킬 것이다. 비록 그 대결에서 에고에게 몇 번의 승리가 돌아갈지라도 실망하지 말고 다시 도전해보라. 사소하고 부질없는 에고의 유혹과 금단현상은 그대가 스스로 침소봉대(針小棒大)한 사실을 알게 될 것이다.

(11) 좌선

좌선(坐禪)은 그야말로 '지옥'같은 경험이기 때문에 초기 수행자들은 매우 힘들어한다. 그래서 등장하는 것이 보행(걷기)수행인데, 이런 변화된 수행법보다는 어렵더라도 일단 '앉는 법'을 수행의 기초로 삼고 시도해야 한다. 불편한 것을 수행해봐야 그대의 삶에 어떤 오류가 있었는지 알게 될 것이다.

'선(禪)' : 김영동
※ 참고 : 여기서 가객(歌客)의 소리를 찾아 한 번 들어보는 게 좋을 듯하다.

(12) 사회 변혁과 수행

우리가 육신에 머물고 있는 이상 사회나 다른 구성원들과의 관계를 무시하거나 소홀히 해서는 육신의 생존 자체가 불가능하다. 사회에 대해서 무관심하지 말라. 그러나 사회에 의해서 영향을 받거나 조건화되지 말라. 수행의 장에서 암묵적으로 전해지는 "세상을 바꾸려 하지 말고, 그대 자신을 바꾸라. 그러면 세상은 저절로 변화된다."라는 금언이 있다. 자신을 변화시키는 데 더욱 많은 에너지를 집중시켜라. 사회생활에 사용했던 에너지를 조금만 더 회수하여 그대의 수행에 보태도록 하라. 자신을 변화시키는 것이 근본적이고 일차적이며, 사회변혁은 2차적이고 부수적인 것이다.

그대가 변화되면 사회는 자동적으로 변화하게 되어 있다(그 결과가 다소 더디게 나타나지만). 이 작업은 너무나 소중하기 때문에 쓸데없는 곳에 낭비되는 에너지는 너무나 아깝다. 필요한 부분과 적게 투자해야 할 부분을 잘 가려서 그대의 한정된 에너지를 효율적으로 사용해야 한다.

만일 그대가 사회문제와 변혁에 정말로 관심이 있다면, 수행을 미룰 수밖에 없다고 자신을 합리화하지 말고, 그곳으로 뛰어 들어서 화끈하게 부딪혀라. 그 후에 그것이 문제의 핵심이 아니었다는 판단이 서게 되면, 그때 수행의 길로 돌아오면 된다.

(13) 고집

수행 초기에 겪게 되는 어려움 중 하나는 수행자들이 자신이 알고 있는 단편적인 정보를 고집한다는 것이다. 어설프게 주변에서 귀동냥으로 들은 선사들의 일화나 그만그만한 스님들의 법문을 마치 진리의 말씀인 양 고집하게 되면, 동네 개울이나 저수지에서 혼자 습득(?)한 수영 자세를 교정받기가 더 어려운 것과 같은 형국이 된다.

이 길을 먼저 걸으면서 수많은 시행착오(試行錯誤)와 오류를 넘어선 스승들은 자신이 터득한 정수(精髓)를 수행자들에게 제시해 주는데, 수행자가 어줍지 않게 얄팍하고 부분적인 정보를 고집하게 되면 정말로 먼 길을 돌아가는 우를 범하게 되는 것이다. 자신의 가치관을 바꾸는 것이 아니라 버리는 것이 더욱 힘들다. 수행 초기에 고된 수행을 강조하는 것은 수행자들이 아집을 내려놓고 평생 수행할 수 있는 하심(下心)을 길러주려는 스승의 눈물겨운 배려임을 알아야 한다.

3) 수행 중기

바라보기 수행이 조금씩 익숙해지기 시작했을 것이다. 그래도 사념들의 명멸(明滅)을 쉽게 놓치고 있을 것이다. 그렇더라도 실망하지 말라. 수행 초기보다는 그 '놓침'에 대한 '눈치 챔'의 간격이 점점 줄어들고 있다는 것은 그대의 수행이 조금씩 진전하고 있다는 징후이다. 더디다는 생각은 금물이다. 사념에 끌려다니던 초기보다는 그것을 바라보는 관조의 힘이 늘고 있다는 사실을 인지하고 자신에게 박수를 보내주어라.

(1) 기지에서 미지로의 이동

도(道)는 단순하다. 그대는 복잡하다. 많이 아는 척, 강한 척, 잘난 척하는 에고를 자각, 직면하고 그것을 버리는 작업이 배움의 과정이다. 그대의 본성(本性)인 봄의 새싹과 같이 여리지만, 예민하고 생명력으로 충만한 쪽으로 방향전환이 일어나야 한다.

배움의 길은 알고 있고 경험했던 '기지'의 것에서, 그 모든 것을 포기하고 자신이 전혀 알지 못하는 '미지'의 세계로의 이동이다. 길을 잃고 헤매는 수행자들은 아주 소수이며 항상 최고 수준의 사람들이다. 예수가 언급한 99마리의 양과 길 잃은 한 마리 양의 비유가 의미하는 것이다.

어떤 중이 조주선사에게 물었다.

"어떤 것이 부처입니까?"

"법당 안에 있는 것이니라."

"그것은 흙으로 만든 것이 아닙니까?"

"그렇다."

"어떤 것이 부처입니까?"

"법당 안에 있는 것이다."

"학인이 우둔하여 알지 못하겠으니 화상께서 일러 주십시오."

"아침에 죽을 먹었는가?"

"먹었습니다."

"바리때(발우)를 씻어라."

그때 그 중이 퍼뜩 깨달았다.

(2) 상징체계와 실재

현대인들은 너무나 많은 정보의 홍수 속에서 살고 있기 때문에 이미지와 실재를 혼동한다. 우리는 온통 이미지와 관념에 둘러쌓여 있어서 존재의 실재와 자신의 실존에 대해 망각하게 되었다. 우리는 사고나 느낌조차도 과거의 기억에 의해 '언어화'나 '이미지화'의 과정을 경유해야만 하고, 그것이 마치 실재적인 것이라는 착각에 빠지는 경우가 거의 대부분이다. 한 번 형성된 이미지는 그대로 굳어져서 우리의 사고나 느낌을 완벽하게 조정한다. 이런 착각 속에서 우리는 진정한 갈증 해소가 아닌 일회성 대리만족에 기만당하고 있음에도 그 사실을 인지하지 못하고 있다.

우리가 이런 상징체계에 의해 잠식, 조정당하고 있다는 인식은 그대가 스스로 깨어나는 각성의 단계를 어느 정도 지나와야 자각할 수 있다. 이 깨어남의 과정이 그대를 묶어두고 있던 과거 기억에 의한 이미지의 사슬들을 끊어내고, 실재와 직접적으로 대면할 수 있는 '관조의 힘'을 발생시킨다. 그렇게 되면 '언어화'나 '이미지화'가 어떻게 형성되었고, 그것들이 어떤 방식으로 그대를 조정해 왔는지 그 전체과정을 감지할 수 있는 '통찰의 안목'이 생겨날 것이다. 그러면 그대의 수행도 본격적인 국면에 접어드는 것이다.

그대가 깨어나고 깨어있음을 지속한다면 그대를 완벽하게 옥죄고 있던 에고의 관성이 서서히 멈추기 시작할 것이며, 사념들 또한 사라지기 시작할 것이다. 과거가 떨어져 나가기 시작해야만 새로운 의식이 떠오르는 법이다. 그러면 그대가 지금까지 무의식적으로 저질러 왔던 실수와 어리석음을 목격하게 될 것이다.

(3) 무지의 발견

'벗어나기' 혹은 '넘어서기'의 수행과정은 필수적인 것이다.

"나는 내가 누구인지 정말 모른다. 내가 하는 행동이 어떤 의미를 지니는지, 옳고 바른 것인지 알지 못한다. 내가 맺고 있는 수많은 관계들이 무엇 때문에 생겨났고, 무엇을 향해가고 있는지 모른다. 우리가 지고의 선(善)

을 향하여 가고 있는지 알 수가 없다. 나는 아는 것이 없다."

　이런 인식이 일어난다면 그대가 바른 방향으로 수행해 나가고 있다는 징표이다.

(4) 정진

　깔끔하게 다듬어진 기둥에 참기름을 바른 후에 나체로 그 기둥에 올라가는 것과 같은 어려움이 수행의 길이라고 전해져 온다. 맨손으로 미꾸라지를 잡는 것과 같이 그대는 각성을 계속 놓칠 것이다. 수행자는 고통이 자신과 에고를 분리시키는 탈 동일화의 기회라고 환영하며, 신의 축복이라고 감사하는 태도를 지녀야 한다. 그 고통이 크고 무거울수록 더욱 감사해야 한다.

　고통을 수용하는 태도와 자발적인 '고통의 확대'가 수행자들이 겪게 되는 어려움이다. 이 상황을 회피하거나 우회하려 한다면 수행은 '물 건너 간 것'이고, 진전은 없다. 그대가 그 고통을 자각하고 계속 바라보면서 '묵묵히' 뚫고 지나가는 수밖에 없다.

　상한 영혼을 위하여

　　　　　　　　　　　　　고정희

　상한 갈대라도 하늘 아래선
　한 계절 넉넉히 흔들리거니

뿌리 깊으면야

밑둥 잘리어도 새순은 돋거니

충분히 흔들리자 상한 영혼이여

충분히 흔들리며 고통에게로 가자

중략

외롭기로 작정하면 어딘들 못 가랴

가기로 목숨 걸면 지는 해가 문제랴

고통과 설움의 땅 훨훨 지나서

뿌리 깊은 벌판에 서자

두 팔로 막아도 바람은 불듯

영원한 눈물이란 없느니라

영원한 비탄이란 없느니라

캄캄한 밤이라도 하늘 아래선

마주 잡을 손 하나 오고 있거니

(5) 다이빙

진실로 진리의 그림자라도 보기를 원한다면 엉뚱한 곳으로 헤매지 말고
그대 자신을 파고들어가라. 모든 성자들이 한 목소리로 간곡하게 반복해

서 전한 메시지는 '진리는 그대 안에 있다.'라는 것이다. 자신의 내부에 내재되어 있는 잠재의식에 접근하기 위해서는 집요한 탐구를 통해 자신을 파고들어가야만 한다.

내면의 소리에 귀 기울이고 스스로 발생되는 사고를 주의 깊게 들여다봐야 한다. 정확한 식별력과 명징(明澄)한 사유에 의해 수행자들은 과감성 있는 결단력과 에고의 영향권에서 점차 벗어날 수 있는 수행력을 갖출 수 있게 된다. 그대 자신을 '시추(試錐)'하라. 그곳이 바로 중심이고, 내면이고, 의식이다.

수행은 단지 그대 내면의 영토로 들어가는 여행이다. 원주에서 원 중심으로 뛰어들라. 끝이 보이지 않는 시커먼 심연 속으로 두렵더라도 과감히 다이빙하라.

(6) 혁명가

붓다의 유언 : 그대 자신의 등불에 의지하라. 그대 자신에게 전적으로 의지하라. 다른 의지할 사람은 없다. 어디에도 도피처는 없다. 피난처는 없다.

그대의 수행이 깊어짐에 따라 에고가 그대를 조정하고 있었음을 알아차리게 되면 그대는 더 이상 이 사회의 일반적인 구성원으로서 존재할 수 없다. 그대가 속한 학교, 회사, 지인들과의 관계와 다른 조직들에서 분리되고 뿌리 뽑히게 될 것이다. 심지어 그대는 가족들로부터도 분리될 것이다. 왜냐하면 가족들조차도 그대가 알게 된 것에 대해서 전혀 알지 못하며 공유할 수도 없는 철저한 타인이기 때문이다. 꿈과 환상과 허망한 거짓들의 실상을 보게 되면 그대는 자연스럽게 그 모든 관계로부터 '탈 동일화(脫同一化)'될 수밖에 없다.

독행 자세는 수행자를 서서히 혁명가로 변화시킨다. 모든 경전, 설법, 권위의 부정, 기존의 모든 가치관에 대한 의심, 그 후에 발생하는 비참함, 혼란, 지옥 그리고 이 세상 모든 것이 잘못되었다는 인식이 생겨나야 수행 도중에 반드시 등장하는 지루함과 권태를 넘어설 수 있는 능력이 생겨난다. 이런 인식이 깊어질수록 자각은 성장하게 되고, 감수성이 풍부해지고, 지성 또한 더욱 예리해지지만, 삶은 오히려 단순해지는 변화를 겪게 된다.

사고의 장(場)에서는 경험할 수 없었던 창조적 사유나 영감 등이 떠오르게 된다. 이러한 징표가 그대의 성장을 반증해 주는 것이다. 수행의 고된 과정을 겪어봐야 단순성과 소박함, 투명성, 감사의 염(念) 등이 자연스럽게 생겨난다.

(7) 말과 주시

침묵 수행이 진전을 보이는 수행자들은 꼭 필요한 말을 해야 할 경우에 자신이 하는 말에 대해서 각성하면서 짧은 대화를 하면 그는 주시자, 관찰자로 남아있게 된다. 말하는 도중에도 자신이 말하는 내용과 상대방의 반응, 주변의 전체적인 분위기, 그 모든 것을 빈틈없이 바라볼 수 있으면 그대는 각성자로 남아있게 된다. 말할 필요가 없을 때는 표정이나 몸짓으로 자신의 의사를 알리고 침묵하라. 상대방의 지껄임은 신경 쓰지 말고 다시 자신을 바라보라.

(8) 동영상

사고가 필요한 경우에는 집중해서 그 사고를 철저하게 진행하라. 단, 내적으로 언어화하지 말고 마음속으로 중얼거리지 말라. 사고해야 할 대상을 화면이나 이미지 등으로 전개하라. 그러면 언어화에 소비되었던 에너지를 회수할 수 있고 내면의 의식 공간이 더 많이 확보되고 수행의 장(場)은 더욱 넓어질 것이다.

(9) 호흡

마음속에 분노와 같은 감정이 휘몰아치면 심호흡은 이런 급작스러운 '소나기'를 잠시 피해갈 수 있게 도와준다. 호흡의 변화(단전호흡)는 수행에 필요한 에너지를 생산, 집적하여 이 버거운 여행을 하는 데 필수적인 지참 품목이고 그대와 육체의 동일시를 파괴하는 좋은 수단으로 사용할 수 있는 도구이다.

호흡이 깊어지고, 마음이 평화로워지는 것, 타인에 대한 배려가 생겨나고 자신을 좀 더 잘 바라보게 되는 것 등의 변화들은 수행에 더욱 정진할 수 있는 계기를 마련해 준다.

(10) 기상

아침에 잠에서 깬 직후 사고가 시작되기 이전에, 수초 간 에고의 작용이 발생하지 않는 짧은 순간이 있다. 눈 뜨자마자 벌떡 일어나지 말고 가능한 그 순간을 의식해 보라. 그 다음 '나'가 누구인지 인식하면서 그 짧은 평화와 이완의 느낌을 즐겨라. 그 느낌을 잊지 말라. 주머니 속에 넣고 다니면서 마음이 어지러울 때 잠깐씩 꺼내서 보라.

(11) 반면교사(反面教師)

에고의 방어체계 중의 하나인 타인 폄하와 비난은 수행자들도 빠지기 쉬운 함정이다. 그대가 타인의 허물을 보고 지적하고 비난하려는 의도를 품을 때마다 상대방은 그대 자신을 비추어주는 거울이라는 것을 바로 자각하라. 에고가 일으키는 타인들에 대한 불만과 지적하고 싶어 하는 그 욕망을 알아차려야 한다.

반면교사라는 것은 그대를 둘러싸고 있는 모든 외부적인 상황이 그대의 스승이 되어야 한다는 것이다. 수행이 깊어질수록 주변에서 발생하는 모든 상황이 그대의 진정한 스승이라는 인식이 자연스럽게 생겨나게 된다. 문제는 항상 그대 내부에 있는 것이고, 외부는 그 문제를 일깨워주는 거울이며, 각성의 촉매(觸媒)역할을 하는 것임을 기억하라.

수행자들은 3명의 위대한 스승이 존재한다는 것을 알아야 한다. 첫 번째는 그대 자신이 가장 위대한 스승이고, 두 번째는 그대를 이끌어 주는 영적 스승이고, 마지막은 자연이다. 삼라만상, 자연과 조화, 일치를 이루겠다는 수행의 자세가 필요하다.

(12) 영적 체험

수행 중 가끔 발생하는 비(非)상식적인 환영이나 환청 같은, 이른바 영적 체험은 수행자들로 하여금 자신이 대단한 수행의 단계를 성취했다고 착각하게 만든다. 수행자들은 에고의 게임에 놀아나고 있는지, 자신의 고된 수행의 결과로서 드러나는 체험인지 매우 주의 깊게 거듭 지켜보아야 한다.

그대가 그것을 면밀하게 관찰할수록 그 체험의 본질이 더욱 명확하게 드러날 것이다. 거의 대부분의 영적 체험은 착각에 불과하며 수행과는 전혀 관계가 없고 오히려 장애가 된다.

(13) 방해 전략

에고의 교묘한 술책을 꿰뚫고 그대가 내면으로 들어가기 시작하면, 에고는 온갖 수단과 방법으로 자신을 방어하려고 한다. 그리고 한편으로는 그대의 수행은 어리석으며 어떤 결과도 얻을 수 없을 것이므로 수행을 포기하고 보다 쉽고 재미있으며, 달콤한 것에 관심을 가지라고 유혹할 것이다. 이런 징후가 포착되면 그대의 수행이 제대로 된 방향으로 탐구가 진행되고 있다는 반증(反證)이다. 이럴수록 에고의 전략을 간파하고 극단적인 탐구로 혹독하게 밀어 붙여라. 에고의 생명력(?)은 너무나 질기고, 전략 또한 간교하기 때문에 그대가 약간의 방심과 '허(虛)'를 보이면 여지없이 반격해 올 것이다. 밀어 붙여라. 수술실에서 강력한 빛을 쪼이게 되면 그림자조차 남지 않는 것처럼.

(주의 점 : 몰리고 있는 것은 에고이지만, 에고는 자신을 방어하거나 회피하려는 전략으로 그대가 위기상황으로 내몰리는 것처럼 그대를 설득한다.)

(14) 둔감과 민감

수행자들이 자주 넘어지는 함정은 자신이 '자각'을 놓치게 되면 자신의 둔감함을 자책하고 자각을 놓치지 않겠다는 결심을 반복한다는 것이다. 자책과 결심의 반복은 아무 도움이 안 될 뿐만 아니라 수행에도 방해가 된다. 자신이 둔감하다는 것은 오랜 카르마의 결과이며 어쩔 수 없는 것임을 인식하고, 인정하고 수용하라. 민감해지려는 노력은 에너지를 소모시키고 긴장의 강도를 높인다.

그대가 수행해야 할 과제는 더욱 민감해지려고 노력하는 것이 아니고, '놓침'을 더 자주, 더 짧은 간격으로 각성하고 돌아오는 것이다. '투명한 시각', '완전한 주시', '깨어있는 시간'이 길어질수록 에고에 의해 발생되었던 그대의 고통, 비참함 등은 점점 감소할 것이다.

(15) 멈출 수 없음

의식의 이중성 때문에 우리의 의식은 항상 분리되어 있으며, 따라서 갈등을 피할 수 없다. 수행은 자기 자신의 의식에 대한 집중의 강도를 높이고 시간을 늘려가는 과정이다. 집중의 과정이 익어 가면 외부의 대상물에서 자신의 의식에 대한 탐구, 내면의 공간으로 그 에너지가 집중되어진다.

에고가 일으키는 사고와 느낌, 욕망 등은 그대가 멈추려고 노력한다고 해서 정지되는 것이 아니다. 그대의 멈춤에 대한 노력이 부질없다는 것을 인식하려면, 그대의 사고과정 전체를 이해해야만 한다. '멈춤'은 그대의 완전한 각성에 의해서만 가능한 것이지 얄팍한 노력과 결연한(?) 의지로 성취되는 것이 아니다. 멈추려고 노력하지 말고 더욱 예민하게 깨어 있으라.

(16) 동반자

수행자들이 지루함을 느끼거나 지치게 되면, 급속하게 에고가 개입한다. 목표가 무엇인지, 어떻게 수행해야 하는지를 에고가 지시하게 되는 역전현상이 발생, 수행자들도 쉽게 속아 넘어가는 '투사'가 일어나게 된다. 자신의 관점에 따라 타인들, 도반들, 스승의 이미지를 만들어 내고 스스로 그것에 도취되어 버린다. 그 이미지는 그대의 욕망의 투사일 뿐이며, 수행에 엄청난 방해가 된다.

임시방편이지만 수행이 정말로 힘들다면 모든 것을 내려놓아라. 몸과 마음을 이완하고 아무것도 하지 말라. 그저 산책이나 즐기고 에고가 요구하는 작은 욕망들을 달래주어라. 에고는 그렇게 쉽게 사라지지 않는다. 에고를 수행의 동반자라고 인정하고, 그저 같이 여행하는 파트너라고 받아들여라. 거부는 항상 저항과 의존을 초래할 뿐이다. 얼마 지나지 않아 그대가 다시 수행의 필요성을 느끼게 되면, 원대복귀할 수 있을 것이다.

어떤 경우에도 자신을 비난하지 말라. 스스로를 신뢰하라.

'그 저녁 무렵부터 새벽이 오기까지' : 정수년
※ 참고 : 여기서 명연주자의 해금연주를 찾아 한 번 들어보는 게 좋을 듯하다.

(17) 일별

수행은 고통 없이 성장할 수 없다. 그대가 포기하지 않고 끝까지 물고 늘어지는 수행을 계속해 나가고, 그대가 몇 번의 이정표를 발견하고, 그대에게 혼돈과 고통의 시간이 계속된다면, 홀연 그대에게 섬광이나 번개, 비수처럼 무엇인가가 꽂힐 것이다. 무엇인지 알 수 없지만, 그냥 뭔지 눈앞이 '확' 트이고, 그대가 찾고 있던 그것을 발견한 것 같은 느낌을 받을 것이다. 이것이 '일별'이라고 일컬어지는 수행자들에게 주어지는 작은 선물이다. 마치 그대가 진리를 깨우친 것 같은, 우주 삼라만상의 이치를 다 알아버린 것 같은 느낌, 환희……. 그러나 수행자여, 그것은 단지 '일별'일 뿐이고, 아직 더 가야 할 여정이 남아있다는 이정표일 뿐이다.

일별(一瞥)은 그저 지나가는 것이며, 에고가 조금씩 사라지는 작은 변화일 뿐이다. 그대의 작은 성취를 주마가편(走馬加鞭)의 계기로 삼아야 한다. 그 성취에 만족하고 집착하게 되면 수행을 중도에 포기하게 되는 결정적인 요인으로 작용할 것이다. 그런 이정표는 여러 번 왔다가 사라진다. 그대에게 일어나는 모든 변화는 그저 지나가는 것으로 알고 작은 관심조차 주지 말라.

(18) 應無所住而生其心(머무는 바 없이 순수한 마음을 내어 쓴다)

수행자들은 에고가 일으키는 사고의 장난을 꿰뚫어 볼 수 있는 안목을 지녀야 한다. 이것이 (마음에) 머무는 바 없음이며, 에고가 일으킨 사고가 아닌, 그대 내면의 소리가 일러주는 바대로 순수한 생명력으로 상황 자체에 감응하라는 것이다. 이것이 노자(老子)가 언급한 '爲無爲(함이 없이 하라)'의 뜻이다.

자극, 욕망이 아닌 무욕과 순수한 생명력으로 순간순간을 맞이하고 감응하라. 외부로만 향하였던 모든 감각기관의 전체적인 작용방식과 과정을 확연하게 알게 되면, 생각과 감정, 느낌 등을 객관적으로 관찰할 수 있는 능력이 생김과 동시에 에고의 작용이 발생하더라도 쉽게 사라지게 되는 것을 알 수 있을 것이다. 내면의 안내자는 그대의 의식이 성장될수록 더 많은 도움을 준다.

4) 수행 후기

바라보기 수행이 어느 정도 익숙해지고, 자신의 집중력이 좋은 편이라고 판단되는 수행자는 선(禪)의 수행법인 화두참구(話頭參究)를 시도해 보는 것도 좋다. '나는 누구인가' 혹은 '이 뭣꼬'와 같은 화두를 집중해서 자신에게 물어보는 방법이다. 화두를 쉽게 놓치게 되고 에너지 소모가 심한 집중의 방법이니 시도는 해보되 여의치 않으면 다시 바라보기 수행으로 돌아오면 된다.

(1) 에너지 보존과 창출

수행은 막대한 에너지가 필요하기 때문에 그대에게 주어진 한정된 그것을 불필요한 갈등과 마찰에 소모시키지 말고 잘 보존하여 탐구 작업에 투자하여야 한다. 수행의 후반기에 이르러서는 그대의 모든 에너지를 축적하고 집중, 쏟아 붓지 않으면 그저 뜨거운 물 정도로만 유지될 뿐 수증기가 되는 '비등점(沸騰點)'에는 결코 이르지 못할 것이다.

권유사항 : 에너지 창출은 수련과 단전호흡을 통하여 도움을 받을 수 있다. 기천문(氣天門)의 내가신장 자세로 3분 정도 서있어라. 세계 국선도 연맹의 무릎안고 구르기를 기상하면서 6회 정도 실시하고, 축법(丑法)을 90초 정도 시행하라. 하루에 5분만 투자해도 상당한 도움이 될 것이다.

＊ 시간의 여유가 있는 수행자들
- 기천문의 육합단공과 원양진기단법, 반장, 용틀임 개운기공을 강력 추천한다. 기천문 總本門(총본문) : 010-9249-7753
- 국선도의 기혈 순환 유통법, 기신법, 천화법, 입단행공 1식과 2식을 추천한다. 천선원 : 041)852-6788
- 중국 정통의 오권(용, 호, 표, 사, 학)무술인 천운림 – 쌍림문 문파의

기법과 자세, 무공수련 1번과 2번을 권유한다. : 010-3663-5000

• 불교 전통 수행법인 관선무(선무도)의 영정좌관을 권유한다. 골굴사 : 054)775-1698

추신 : 세계국선도연맹에서는 수행 단계에 따른 행공법 전체를 동영상으로 제작, 일반에 공개하였고, 구입도 가능하다.

(2) 절실함

수행자들이 착각하는 병폐 중의 하나가 자신의 마음을 변화시키면 수행이 진전되고 성장, 성숙할 것이라고 생각하는 것이다. 옹골찬 어떤 결심을 하고 실행에 옮기면 자신에게 바람직하고 좋은 변화가 일어날 것이라고 기대하는 것이다. 이것은 근본적인 착각이다. 에고는 변화시켜야 하는 대상이 아니라 버림, 제거, 파괴, 종래에는 초월해야만 하는 심각한 암적인 존재이다.

수행에 있어서 가장 중요한 것은 절박함이다. 누군가 그대를 물속에 처박아 못나오게 짓누르고 있다면, 그대는 단 1분도 못가서 빠져나오려고 발광을 하게 되는 것과 같이 그 모든 것이 오로지 그것에 걸려 있어야 한다. 자발적이고 옹골찬 굶주림과 갈증이 선행되지 않는 한, 수행의 노력은 통상적이고 답보적인 상태를 벗어날 수 없다.

수행자는 많으나 처절하게 걸어가는 자는 없으니 어찌 목적지에 도달할 수 있겠는가. 필요성을 느끼고, 그것이 얼마나 절박하고 절실하느냐가 탈옥 성공의 열쇠이다.

장자가 말했다. "길은 걸어 다녀야 만들어지는 것이다."

(3) 지식과 자세

자신의 팔을 잘라서 스승인 달마에게 바친 혜가(慧可)나 금강경 해설집을 모두 불살라버린 덕산(德山)과 같이 경전을 줄줄이 꿰차고 있었던 종교적 천재(?)들도 그 많은 지식의 축적에도 불구하고 마지막(?) 관문을 뚫지 못했다. 자신의 한계를 실감하는 단계에 이르러서야 비로소 도약의 기회가 주어지는 것이다.

수행은 지식이나 정보, 신비체험이든 그 무엇이든 간에 축적하는 행위가 아니며, 자발적인 포기의 자세를 몸과 마음 전체로 익히며 숙지하는 과정이다. 한지가 먹을 흡수하고 스펀지가 물을 빨아들이듯 수행이 그대 자신에게 배어 들어가야 하는 것이다. 그 시기가 도래하면 그대 스스로가 그 느낌을 알게 된다. 단, 그대가 '이런 것이 깨달음이구나!' 혹은 '아! 알겠다. 이것이구나!'라는 느낌이 온다면 그대는 한참 벗어나 있는 것으로 알라. 그것은 그렇게 찾아오지 않는다. 절대로.

(4) 경전과 어록

그대가 자신의 의문을 해결하기 위해 어떤 경전이나 어록을 읽는다고 해도 그것들은 속 시원한 해답을 알려주지 않는다. 경전을 통하여 해답을 발견하려하지 말고 읽어나가는 중에 명확하게 이해가 되지는 않지만, 무언가 가슴을 '탁' 치는 일별(一瞥)의 느낌이 오는 구절이 있다면, 그것이 그대의 탐구에 중요한 주제가 되는 것이다. 그 구절을 탐구하며 파고 들어가 보라. 의문의 의문을 뭉쳐서…….

(5) 소유와 포기

일반적으로 포기라는 것은 물질적이건, 정신적이건 자신의 능력을 넘어서는 것에 대한 어쩔 수 없는 상황에서 발생하는 부정적인 의미로 사용되고 있다. 수행의 길에서 '포기'라는 것은 자신이 정말로 소중하게 소유(?)하고 있다고 생각하는 것에 대해서 자발적이고 적극적인 자유의지, 결단의 발현이다.

수행이 깊어지고 차원이 높아질수록 이전에 중요하게 생각되었던 물질세계의 가치는 정말로 하찮고 무의미해지는 것이다. 자발적인 포기를 위해서 그대는 정말로 '그것'을 소유하고 있어야 하고, 그 후에 '그것'이 정말로 보잘것없다는 것을 자각하게 되면, 포기하는 것이 아니라 자연스럽게 떨어져 나가는 것이다.

(6) 혼돈

'나는 누구인가?'라는 질문을 계속해서 자신에게 던진다면 그 의문에 그대가 대답할 수 없음을 자각하게 될 것이다. '길 없는 길'의 중후반 지점쯤에 이르게 되면 수피들이 언급한 '영혼의 어두운 밤'이 찾아온다. 그 단계에서는 그대가 확신하고 있던 자신에 대한 이미지, 인격, 가치관, 이상, 신념, 종교적 믿음 등 그 모든 것이 혼란스럽고, 진실과 거짓에 대한 판단 기준조차 무너져 내리는 카오스(Chaos, 혼란)의 상태가 찾아올 것이다. 이 지점이 선가(禪家)에서 지목한 비산비수(非山非水, 산은 더 이상 산이 아니고, 물은 더 이상 물이 아니다)의 대목이다.

자신이 누구인지에 대한 회의와 함께 구체적이지 않은, 무언지 모르지만 심연 같은 것이 자신 앞에 놓여있다는 막연한 공포감이 일어난다. 계곡으로 흘러가다가 폭포로 떨어지려는 지점에 도달하면 두려움과 혼란과 의문이 뒤엉켜서 도대체 뭐가 뭔지 알 수 없는 상태가 되는 것이다. 이 시기에는 마치 자신이 소멸될 것 같은 고통이 엄습한다. 그대의 궁금증은 더욱 커지고 의문은 풀리지 않고 몸부림쳐도 어느 방향으로 나아가야 되는지 도무지 알 수 없는 단계이다.

이 단계에서 그대는 자신의 수행력 부족이나 구도심의 얄팍함, 의문의 거대함, 풀리지 않는 의혹들 때문에 좌절하게 될 것이다. 좌절에 푹 빠져라. 그 안에서 더욱 괴로워하라. 그것만이 그대가 할 수 있는 유일한 수행이다. 낯설고 두려운 난관이라고 느껴질 수밖에 없지만 결연한 의지와 과감한 결단력으로 이 과정을 통과해야 한다. 그래야 영성적으로 성장하고 자신과 사회를 꿰뚫어볼 수 있는 안목이 생겨나기 시작하는 것이다. 그대는 많은 시험과 기준을 통과해야 한다. 그래야만 순수해지고 참되고 진실된 수행자로서 거듭 태어나게 될 것이다.

(7) 고통과 재앙

그대가 더 이상 견딜 수 없는 고통이라고 느껴도 아직은 임계치(臨界値)에 이르지 못한 것이기 때문에 그 고통마저 견디고 넘어서며, 땀과 피를 감내하고 지나가라. 그대가 견딜 수 없는 고통이란 없다. 고통이 심화되면 타인에게 하소연하고 위로받고 싶은 여유는 정말이지 눈곱만큼도 있을 수 없다. 이 좌절은 도약의 발판이 되는 필수적인 과정이다. 그대가 이 길을 진솔하게 걷더라도 어떤 이정표를 발견할 수 있을지는 전혀 알 수가 없다. 이 작업은 그대 내면으로 파고 들어가거나 수직으로 상승하는 것이므로 추락 위험의 가능성도 증가한다.

이 단계에서 그대가 발견한 이정표에는 이렇게 적혀 있을 것이다. '고통과 재앙의 길.' 그 이정표가 향한 곳을 바라보면 한치 앞도 안 보이는 어둠이 그대를 기다리고 있을 것이다. 그대는 동굴 속에서 출구의 한 줄기 빛을 찾아 헤매는 미아가 될 것이다. 부딪히고 넘어지면서, 찢어지고 부러지면서 피를 흘리는 고통을 반드시 겪게 된다. 이 과정에서 그대에게 어떤 변화가 생겨나지 않는다면 그대가 겪는 고통의 양과 질이 많이 부족하다는 반증이다.

모든 씨앗이 나무가 될 가능성을 본래부터 지니고 있지만, 모두 나무가 되는 것은 아니다. 우수한 품종의 씨앗이라고 하더라도 좋은 토양과 적당한 시기, 자연이 베푸는 많은 조건들이 조화가 잘 이루어져야 묘목으로 성장하고 운이 좋다면 거목이 될 수도 있는 것이다.

그대가 고통과 재앙을 자발적으로 끌어안고 견디어 나간다면 동굴이 아닌 터널 끝에 있는 한 조각의 빛을 발견할 수 있을 것이다.

흔들리며 피는 꽃

도종환

흔들리지 않고 피는 꽃이 어디 있으랴

중략

흔들리면서 줄기를 곧게 세웠나니
흔들리지 않고 가는 사랑이 어디 있으랴

젖지 않고 피는 꽃이 어디 있으랴
이 세상 그 어떤 빛나는 꽃들도
다 젖으며 젖으며 피었나니
바람과 비에 젖으며 꽃잎 따뜻하게 피웠나니
젖지 않고 가는 삶이 어디 있으랴.

아쟁 산조 : 박대성

※ 참고 : 여기서 명연주자의 아쟁연주를 찾아 한 번 들어보는 게 좋을 듯하다.

(8) 감각탈진과 새로운 에너지

수행의 최종단계에 이르게 되고, 할 수 있는 모든 노력과 에너지, 열정을 쏟아 부어서 그대 자신이 소진되고, 더 이상 무엇을 할 수 있는 에너지가 전혀 남아 있지 않다면, 그대에게 새로운 에너지가 작동하기 시작할 것이다.

우리가 일상적으로 사용하는 에너지는 상당히 제한적이지만, 명상에서 이른바 쿤달리니(산스크리트어 : कुण्डलिनी Kundalini) 에너지라고 일컬어지는 비상시에 발생하는 에너지 층이 존재한다. 수행자들이 파고 들어가서 반드시 접촉해야만 하는 심층적인 에너지 층이다. 이 에너지 층은 평상적이고 일상적인 생활에서는 결코 인식할 수도, 접촉할 수도 없다. 수행자가 자신의 탐구에 모든 에너지를 쏟아 붓고 더 이상 남은 에너지가 없이 완전히 소진되어야만 이 에너지 충이 움직이기 시작한다. 완전히 쏟아 부어라. 남아있는 에너지가 있으면 불가능하다.

(9) 틈

고단하고 의식적인 노력이 그대의 잠재의식에까지 스며들어서 선가(禪家)에서 언급한 어묵동정(語默動靜), 행주좌와(行住坐臥)의 수준에 이르게 되면 에고의 활동을 민감하게 알아차리게 된다. 사념의 움직임에 그대가 끌려 다니지 말고, 그 사념 자체가 스스로 움직이게끔 사념과의 협력관계를 파괴하라.

마음이 움직이는 방식과 과정을 전체적으로 알아차리게 되면 사념과 사념 사이의 아주 짧은 틈이 존재한다는 것을 알게 될 것이다. 그 중간점을 발견할 수 있을 정도로 예민하고 빈틈없이 바라보는 수행이 성숙되어야 한다.

그대가 주시자로 남게 되면 사념이 스스로 소멸하고, 다음 사념이 등장하는 시간의 간격이 점차 늘어가고, 그 틈이 유지되는 시간은 더욱 벌어질 것이다.

(10) 항상함

어느 곳에 머물거나 무엇을 하고 어떤 상황에 맞닥뜨리든 간에 그대가 최대한 깨어있는 의식으로 가능한 많은 각성을 지니고 성찰을 하라. 이것이 수행의 기본이고 철칙이며, 수행자들이 지녀야 할 최고의 덕목이다. '죽어도 좋다. 이 길을 끝까지 간다.'라는 각오가 필요하다.

서두르지 말라. 그러나 쉬지 말라.

Ⅲ. 명상

1. 의미

그대가 무의식적으로 행하였던 지식 축적의 전체과정을 일이관지(一以貫之)하라. 지식이 에고와 협력하여 어떻게 그대를 전체와 분리시켰는지, 지식이 더 축적될수록 왜 자신이 더 현명해진다고 착각하는지, 그럼으로 해서 지혜와는 점점 더 멀어지는지, 인간의 소박하고 순진무구함을 파괴하는지, 존재의 신비에 대한 경이감을 상실케 하는지 보라.

명상은 이해와 통찰의 시기이며 자각이 숙성되는 과정이다. 명상은 '생각의 내용과 사념의 주체인 나를 바라보는 것'을 놓아버리는 과정으로 스스로 방임과 이완으로 용해되는 것을 허락하는 것이다.

'영혼의 어두운 밤'을 통과한 수행자들은 이제 '구도자'로 명찰을 바꾸어 달고, '비파사나'의 수동적 지켜봄의 수행방법과 선(禪)의 화두를 통한 '집중'의 방법이 합수(合水)되는 지점에 도달하게 된다. '에고'가 일으키는 사념이 시작되려고 하는 전조가 생겨나게 되는 그 순간에 구도자는 즉시 그 징후를 알아차리게 되고 에고는 관성에 의해 조금 놀다가 이내 사라지게 된다.

진흙 속에서 피어나는 연꽃은 모든 수행자들과 구도자들이 깨달음에 이르는 과정을 상징적으로 보여주고 있다. 모든 대극적이고, 이율배반적이고, 모순적으로 보이는 현상의 뿌리는 하나로 연결되어 있다는 것을 구도자들은 명상을 통하여 자각하게 된다. 구도자에게 주어지는 평화와 지복의 순간이다.

2. 전체과정

경허(鏡虛)의 3개의 달(月)[1] 중에 만공(滿空)이라는 제자가 있다. 비어있음과 가득함. 두 개의 강둑 사이로 도도하게 강(江)이 흘러가듯이 대극(對極)의 모순이 삶의 본질이다. 지식과 과거 경험의 축적에 의한 편협한 판단과 분리된 의식을 넘어서 존재를 인식하고 전체에 대한 자각에 이르는 것이 명상의 전 과정이다.

인간이 시달리고 있는 모든 문제를 해결하기 위해서 명상이 고안된 것은 아니다. 명상은 문제의 해결을 위한 것이 아니라, 그것을 문제라고 인식하고 있는 인간 존재에 대한 의문의 제기와 근본적인 해결 방법을 찾아내려는 구도자들의 진지한 각고(刻苦)의 결실이다. 명상은 그대의 문제에 관심이 있는 것이 아니다. 명상이 관심을 기울이는 것은 오직 하나, 그대의 존재 자체이다.

어떤 적절한 단어가 떠오르지 않거나 특정인의 이름이 입에서만 맴돌고

---

1. 경허의 세 명의 제자 – 수월(水月), 혜월(慧月), 만공(滿空)

애고에서 스승으로 혁명하는 깨달음을 향한 의식 탐구

기억의 회로가 정상적으로 가동되지 않을 때, 그대가 애써도 그 문제가 해결되지 않을 때 내버려 두고 잊어버려라. 그냥 다른 것을 하라. 청소나 설거지, 산책을 하다가 문든 그 단어나 이름이 섬광처럼 떠오르는 것, 이른바 '역 효과의 법칙'이라고 명명된, 돌연히 무의식이 그대의 욕구에 대한 짧은 답신(答信)을 드러낸다. 이것이 무의식이 작동하는 방식이다.

명상은 잠재의식보다 더 깊숙이 잠들어 있는 무의식의 세계로의 진입을 의미하는 것이다. 명상은 구도자들에게 진흙과 연꽃, 세상과 신 모두를 제공할 뿐만 아니라 그 둘 모두를 초월할 수 있는 발판을 마련, 깨달음에 다가갈 수 있는 도약대를 제공해주는 것이다. 너무나 힘든 수행의 과정 이후에 제공되는 달콤한 휴식의 순간이지만, 잠시 향유해야만 하지 안주하려는 '우'를 범하면 안 된다.

1) 실제 과정

(1) 초기

수행 단계에서 의도적으로 분리시켰던 열매, 꽃, 줄기와 뿌리는 명상의 단계에서는 통합과 전일, 비(非)분리와 통일의 수순을 밟게 된다. 즉, 육체, 마음과의 동일시를 파괴했던 수행과는 다르게 명상의 과정에서는 동전의 양면인 육체와 영혼의 통일성이 주된 관심이다. 역설의 과정을 반드시 통과하고, 삶의 모순성을 체득해야만, 비(非)이중성을 자각할 수 있고, 이것이 초월의 토대가 되는 것이다. 이율배반적으로 보이는 모순과 역설, 비합리성, 비상식성 등은 결국 통일적 일원성(一元性)으로 귀결되는 것이다.

(2) 중기

구도자들은 욕망이 일어나더라도 그 파도에 휩쓸리지 않고 가볍게 서핑을 즐길 수 있는, 전체성에 대한 안목이 생겨서 진정한 평화, 침묵, 조화의 상태를 향유할 수 있게 되며, 분열, 분리되지 않은 통일적 의식의 전일(全一)한 상태가 지속된다.

그대 자신을 즐기며 그저 강물의 흐름에 모든 것을 맡기고 바다로 흘러가라. 유유자적하며 빈 배처럼 흘러가라. 일어나는 모든 상황을 자각하고, 허용하며, 어떤 판단이나 의도, 고의성을 가지고 조작하려하지 말라. 이것이 이른바 '창조적 혼돈'의 수용이라고 일컬어지는 것이다. 그 어떤 것에도 에너지를 사용하지 말고, 에너지 속에서, 그 자체가 그대를 이끄는 대로 내버려 두면서…….

(3) 후기

욕망과 기대, 두려움 모두를 이해하고 내버려두고 그것에 맡기고 즐기면서 흘러가게 되면 어느 순간 그대는 사라지고 '강'의 '흐름'만이 존재하게 된다. 이제 그대는 강이 되었다. 흘러가는 빈 배도 사라졌다. 단지 흐름만이 계속될 뿐이다.

명상의 마지막 단계에 이르러서는 휴식과 이완의 상태를 떨쳐내야 한다. 에너지가 축적되었으면, 그것을 발판으로 마지막 전투를 준비해야 한다. 수행에서 에고와의 마찰과 투쟁에 쓰였던 강도보다 훨씬 더 강력한 에너지가 요구되는 시기가 오고 있다. 극한의 지성, 감수성과 각성으로 그대 자신을 올인하는 생사 도박이 그대를 기다리고 있다. 강이 드디어 바다와 조우하는 순간이 다가오고 있다. 사라질 준비를 해야 할 시기가 도래하고 있다.

2) 사랑과 연민

수행의 초기 방편으로 사랑이 강조되는 것은 그대가 명상에 진입하기 위한, 자연이 제공해준 가장 쉬운 수행법이기 때문이다. 그대가 사랑을 통하여 상대방과의 조화와 갈등을 경험함으로써 홀로 설 수 있고, 걸음마를 떼어 놓는 과정을 통과하게 되는 것이다. 그 후에 고단한 수행과정을 거치게 되고, 그대 자신을 스스로 사랑하고 신뢰할 수 있는 명상의 단계에 진입하게 되면 다른 종류의 사랑이 꽃을 피운다. – 연민.

명상 속에 침잠하게 되면 그대의 사랑(연민)이 주변으로 전이(轉移)되고, 명상의 불꽃이 지펴지면 자연스러운 전심(傳心)이 생겨난다. 수행에서의 열정적인 고통을 수반한 상대적이고 상호 보완, 착취적인 제한된 사랑이 아닌, 상황 전체를 수용, 허락하는 연민이 솟아난다.

자신의 존재 자체에서 피어오르는 침묵의 향기가 그대를 감싸는 것을 이해하고 즐겨라.

겨울 강가에서

안도현

어린 눈발들이, 다른 데도 아니고
강물 속으로 뛰어내리는 것이
그리하여 형체도 없이 녹아내리는 것이
강은,
안타까웠던 것이다

그래서 눈발이 물위에 닿기 전에
몸을 바꿔 흐르려고
이리저리 자꾸 뒤척였는데
그때마다 세찬 강물소리가 났던 것이다

중략

어젯밤부터
눈을 제 몸으로 받으려고
강의 가장자리부터
살얼음을 깔기 시작한 것이었다.

3) 주의할 점(무목적, 무목표)

동양의 통찰은, 존재는 창조된 것이 아니고 존재 자체로서 존재하며, 어떤 목적이나 궁극적인 목표가 존재하는 것이 아니라는 결론에 도달하였다. 존재는 자신을 스스로 즐기며 나선형적으로 향유하는 끊임없는 진화과정을 반복한다.

목적, 목표, 원인과 결과는 에고의 분리적 망상에 기인한 것일 뿐이다. 행위는 표면적이고 조악하고 허망하지만, 그 행위 뒤에 깊고 고요한 '존재'는 항상 불변하며, 모든 행위를 일으키고, 유지시키고, 소멸하게 하는 전 과정을 무심하게 바라보는 영원한 주시자로 남아있다. 행위는 부분성이며, 존재는 항상 전체성이다. 그대가 이제 전체성으로 녹아드는 단계에 이르러서 하나의 물방울이 바다로 스며들 듯 용해되어야 한다.

3. 명상 초기

1) 이완

자신의 변화가 세상을 변화시키는 단초(端初)이며 첫 걸음이라는 인식이 자연스럽게 생겨날 것이다. 그러나 한 걸음 더 나아가야 한다. 즉, 세상을 변화시킬 필요도 없고, 그대 자신을 변형시킬 필요도 없다. 단지 물질이건, 의식이건, 무엇이건 간에 존재하는 모든 것은 순간순간 쉼 없이 창조, 유지, 파괴되는 과정을 반복 순환한다는 것을 전체적으로 파악하면 된다. 그 과정에 개입하지 말고 주어진 상황 속에서 그저 표류(漂流)를 즐기면서 완벽하게 이완하라. 그대가 변화를 일으키려는 의도는 어리석음이 잔존하고 있음의 반증이다.

수행자는 급격하고 과감하게 밀어붙이는 자세가 필요한 반면, 구도자는 한결 부드럽고 여유있고 편안한 태도가 요구된다. 존재가, 전체 모든 것을 스스로 변화 유지시킨다는 것을 확연히 보라. 그것으로 족하다. 명상은 그대가 상상할 수 없는 깊고 지속적인 평화와 고요, 침묵, 기쁨을 제공해줄 것이다.

2) 남아도는 에너지

저수지에 고인 물처럼 남아도는 에너지가 필수적이다. 축적된 에너지가 스스로를 즐기면서 움직이기 시작할 때에만 그 '무언가'가 꽃 피어나기 시작할 것이다. 에고의 게임에 의한 외부적인 반응에서 그 에너지가 스스로 내부로 움직이기 시작하면 그때 명상이 시작되는 것이다. 이것이 모든 수행 단체에서 에너지의 쓸데없는 낭비를 방지하고, 축적하는 방법을 고안하고 강조한 이유이다. 에너지를 축적하고 그것이 내면으로 움직이는 것을 허용하라.

3) Sex와 틈

섹스가 주는 행복감의 본질은 전체적인 몰입에 의한 사념의 정지와 몸이 사라지고 전기적 에너지만이 존재하는 짧은 환희이다. 섹스라는 행위가

상호간에 행복감을 선사하는 것은 당연한 것이지만 그 오르가즘의 순간
에, 그 사념 없는 짧은 순간에, 사념 너머의 '다른 세상'이 존재한다는 일별
을 알아 차려야만 한다. 섹스는 자연이 그대의 본성으로 귀환할 수 있는
짧지만 귀중한 기회를 제공한 것이다. 섹스를 즐겨라. 그리고 상호간에 일
별의 기회를 놓치지 말라. 그것은 명상으로 향할 수 있는 '문'이다.

구도자들은 몸과 마음, 에고의 합동작전을 완전하게 파악하게 되고, 먹
구름 사이로 잠깐 태양이 목격되듯이 사념과 사념 사이에 '틈'이 존재한다
는 것을 자각하게 된다. 구도자는 사념과 사념 사이의 틈으로 진입하려는
시도를 통하여 그 '무엇'이 그 안에 존재한다는 것을 어렴풋이 알아차리게
된다.

(탄트라 섹스(Tantra Sex) : 삽입 후 발기가 지속될 정도만의 자극을
서로 주고받으며 사정없이 그 상태를 지속하여, 깨어있는 의식의 고양 상
태를 유지하며 일시적으로 사마디(Samādhi)를 체험하는 수행방법)

4) 행위와 존재

그대가 명상을 '한다'라는 자각을 한다면, 아직 명상의 상태로 '존재'하는
것이 아니다. 명상하는 자가 사라지고 강과 하나가 되어 흘러가는 것, 그
것이 명상이다(헤엄치는 것이 아니라). 그대가 자신이 존재한다는 느낌을
갖고 있다면 또한 명상의 상태가 아니다. 사념이든 어떤 감각이든 그 무엇
이든 사라지게 허락하라.

명상은 그대 내면의 공간으로 진입하는 실질적이고 구체적인 것이어야

한다. 명상은 일정시간에 다리를 꼬고 앉아서 하는 것이 아니다. 선가의 어묵동정(語默動靜), 행주좌와(行住坐臥)가 의미하는 것과 같이 일상생활에서 몽중일여(夢中一如)와 같이 잠을 자는 동안에도 24시간동안 계속되어야 하는 것이다.

그대가 자신의 내면을 석유 시추공처럼 수직으로 파고 들어갈수록 에고가 점차 사라지는 경험을 하게 될 것이다. 그대가 비이원성(非二元性)에 접근할수록 주시가 예민하게 깨어있고, 무념의 상태가 길어질수록 명상은 더욱 깊어질 것이고, 그와 반비례해서 낮은 수준의 사념들은 스스로 모습을 감추고 높은 질의 체험들이 그대를 찾아올 것이다.

사념이 일어나면 물끄러미 바라보면서 그것에 빠지지 말고, 그 작용 전체를 이해하고, 그 사념 속으로 들어가라. 그런 자발적인 수용이 사념의 게임에서 그대를 자유롭게 해줄 것이다. 사념에 의해 비교, 판단이 발생되는 순간을 포착하고 바로 멈추어라. 아니면 그 사념의 전체과정을 즐겨라. 그리고 벗어나면 다시 무지의 순간이 찾아온다. 그대의 '존재감'이 사라지면서 홀로 있음조차 사라지게 된다. 그때 텅 빔. 비로소 비(非)존재에 대한 일별(一瞥)이 일어날 것이다.

의도하지 말고 그대가 비존재로 향하게 되면 세상을 변화시킬 필요도 못 느끼며, 자신을 변형시키고 싶다는 욕구도 사라진다. 그저 모든 것이 스스로 변화를 일으키고 사라지는 나선형적 순환의 전모가 드러나고, 그대는 스크린에 투사되는 영상을 보는 영화 관람객같이 될 것이다. 그 길지 않은 시간을 즐겨라.

5) 침묵과 대화

말은 인간들의 관계에서만 가능한 것이고, 소리는 말 이전에 존재해온 자연의 면목이며, 침묵은 자연, 우주 이전의 근본적이고 궁극적인 상태이다. 말에서 침묵으로 옮겨가는 것이 수행과 명상의 전 과정이다.

그대가 침묵한 채 내적인 고요를 유지하면서 자신과 상대방에 대해 전체적으로 깨어 있으면서 상대방의 말에 대해 어떤 견해나 비난, 충고 없이 예의에 벗어나지 않는 정도의 범위에서 최소한으로 대꾸하며 정적한 채 그저 들어보라. 상대방의 눈을 그윽하게 바라보면서 상대방의 말에 집중하지 말고 편안하게 이완된 상태로 들어보라. 그대 자신의 내부의 변화와 상대의 태도가 어떤 식으로 움직이는지 양쪽 모두를 바라보면서 그저 듣기만 하라. 침묵하게 됨으로써 드러나는 진정한 감응과 무결정의 행위, 비로소 구도자들이 접하게 되는 자신에 대한 무지와 회한 그리고 은총과 축복, 감사의 념.

침묵 속에서만 자신에 대한 전체적인 상태를 꿰뚫는 자각이 생겨날 수 있다. 침묵은, 수행 초기에는 의지적이고 강제적인 방법으로 나아가야 하지만, 명상이 깊어지면 점차로 밤이 오듯 자연스러운 침묵이 찾아온다. 침묵은 모든 수행자와 구도자들뿐만 아니라 대각을 이룬 스승들조차도 달게 지니는 수행의 방편이자 목적지이며 최고의 경지이다.

지자불언(知者不言). 침묵은 불멸과 불사의 시작이며 무념무심(無念無心), 정적의 출발점이다. 전체적으로 깨어 있으면서 침묵하고 마음의 재잘거림까지도 완벽하게 관찰할 수 있다면, 근본적인 변화가 일어나면서 그곳에 '비움'이 존재하고 내적 질서가 생겨나며, 위대한 아름다움이 드러나게 되는 것이다. 이것이 자신에 대한 앎의 시작을 알리는 서막이다. 침묵은 너무나 많은 것을 제공해주는 마르지 않는 생명의 샘이다.

6) 좌선, 와선, 동선

의도적으로 양다리를 꼬고, 허리를 펴고, 벽을 바라보는 것이 진정한 좌선(座禪)이 아니다. 편안하게 앉거나 누워서 눈을 감고 전체적인 것을 느껴라. 다리의 감각과 엉덩이, 등의 느낌, 편안한 호흡, 창문 너머에서 들려오는 작은 소음들……. 하나의 느낌이나 감각에 집중하지 말고 전체적인 상황과 변화를 감지하라. 단, 그 느낌이나 감각에 의해 발생되는 연상 작용에 끌려가서 '휙' 날아가지 마라. 에고의 게임인 연상 작용이 일어났음을 눈치 채고 그 사념이 놀다가 스스로 사라지는 전 과정을 바라보면서 동시에 주변의 전체적인 상황도 감지하라.

걸을 때도 간판이나 광고문구들, 사람들의 표정 등 어떤 특정한 외부대상에 관심을 주지 말고 그저 '멍'한 상태로 눈의 초점을 만들지 말라. 명청이처럼 그 어떤 것에도 관심을 두지 말고 그냥 걷기만 하라. 떠오르는 사념은 스스로 사라지기 마련이니……. 이럴 때가 자연스럽고 진정한 동선이 되는 것이다.

편안한 이완과 비(非)집중, 바보스러울 정도의 명청함. 그것으로 족하다.

7) 시선 돌림

그대가 어쩔 수 없이 만나야만 하는 타인들에게서 자연스럽게 발생되는 두 가지 감정은 에고들에 대한 실망과 연민이다. 명상이 성숙될수록 실망보다는 연민이 더욱 성장하게 될 것이다. 무지와 가식, 위선, 과시 등 에고의 어리석음을 보게 되면 그저 시선을 허공으로 돌려라. 그대도 그런 시기가 있었음을 상기하라. 그대와 허공과의 간격만큼이나 그대보다 앞서간 수많은 고수(高手)들이 있었음을 또한 기억하라. 이미 바다에 도달하였고, 수증기로 상승하였다가 비(雨)로 하강한, 모든 과정을 거친 '스승들'이 존재하고 있음을 명심하라. 그대는 아직 바다에도 도달하지 못하였음을 자각하고, 흐름에 침잠하라.

8) 대상

명상의 대상은 따로 존재하지 않는다. 혹은 대상 없음을 명상하든지, 비(非)일상적인 주제를 택하면 된다. 구체적인 대상을 택하게 되면 연상 작용의 연속성 때문에 명상은 쉽게 방해받는다. 하늘과 같이 대상이 될 수 없는 것을 잔디밭에 누워서 물끄러미 바라본다던가, 강둑에 앉아서 강물을 무심하게 응시한다던가 하면 된다.

4. 명상 중기

1) 선(禪)과 탄트라

선(禪)은 치열한 화두참구에서 그것을 뛰어넘는 수행과 명상의 전 과정을 보여준다. 탄트라는 이해를 중시하고, '어떤 노력도 하지 말라.'는 방임적이고 수동적, 수용적인 태도와 무위(無爲)를 강조한다. 노력으로 시작해서 무위(無爲)로 성장해야 한다.

2) 자율성

명상에 들어서게 되면 모든 경전, 종교에서 제시하는 율법이나 규칙, 규율들이 무의미해진다. 당연히 과거에 대한 후회나 미래에 대한 희망이 얼마나 허망한 것인가를 이해하게 되고, 그 어떤 판단도 무의미하다는 것을 알게 된다.

내적 에너지가 자율적 규율을 자연스럽게 발현(發現)시킨다. 이 내부 안내자가 이끄는 데로 따라가게 되면 그것이 규율이 되는 것이다. 어떤 규칙도 따르지 않고 순간순간에 감응하는 표류가 가능해진다. 이것이 무집착을 이끌어내는 삶의 예술이 된다. 이제 그대는 서서히 향기를 발산하는 존재가 되어 간다.

3) 중간점

그대가 명상에 깊이 침잠할 수 있다고 하더라도 육신의 삶은 계속되어야 하기 때문에 세상이나 타인과의 관계를 무시할 수는 없다. 오히려 그것들과의 부딪힘과 마찰을 통하여 그대의 명상이 더욱 깊어질 수 있음을 이해하라. 바로 구입한 청바지보다는 여러 번의 세탁을 통하여 염색이 적당히 빠진 것이 더 멋스러운 것. 그대와 세상에 대한 정확한 파악은 그 둘의

'중간점'을 발견할 수 있는 좋은 계기가 될 것이다. 반면교사인 세상과 타인에 대한 마찰, 그것에 대한 그대의 반응을 면밀히 관찰하고 그것을 넘어설 수 있는 중간점을 반드시 발견해야 한다.

4) 길 없음

골짜기에서 출발하든, 능선으로 올라가든 결국 산(山)정상에서 조우하게 되어 있다. 대도무문(大道無門). 어느 골짜기에서 솟아오른 샘물이든, 어느 지류에서 흘러든 하천이든, 어느 방향으로 흘러가는 강물이든 결국 바다에 이를 것이고, 그 바다는 전체 대양과 섞일 것이다.

느낌이 이끄는 데로 저항 없이 흘러가면서 전체적으로 깨어있으면서 강의 흐름과 주변의 풍광, 물살의 속도, 소리, 수온, 청, 탁 등을 감응하면서 유유히 흘러가라. 모든 스승들이 진리에 대한 해석이 다른 것처럼 진리에 이르는 길도 다양하게 존재한다. 그대는 자신만의 방법으로 정상에 오르게 되면, 그곳에 이르게 되는 다양한 루트가 한눈에 조망될 것이다. 바다에 이르면 모든 강이 하나가 되는 것처럼…….

역설적으로 진리에 이르는 길은 없다. 수행자들에게 모든 에너지를 소진시키는 방법을 제공하는 것이 모든 수행법이 지향하는 것이고, 강을 건넜으면 뗏목을 놓아버리는 것처럼 그 방편을 내려놓는 것이 명상이다. 진리에 구도자가 다가서는 것이 아니라 그것이 드러나는 것을 방해하는, 바로 그대 자신이 만들어 놓았던 장애물을 제거해야 하는 것이다.

5) 표류

명상 속에서 비일상적인 어떤 체험을 하더라도 그냥 지나가라. 그저 단순하고 소박하며 순수해져라. 존재하는 모든 것이 경이(驚異)이고 신비인 것을 느껴라. 그 어떤 신비스러운 경험이나 새로운 능력에 대한 기대는 포기하라. 노자가 그토록 역설했던 자연스러움이 단순이고, 순수이고, 신비이다.

그저 자연스러워라. 어떤 상황에서도 발생하는 것들에 대해 분별과 판단, 선택함이 없어야 한다. 두뇌의 지성을 간단히 무시하고, 그저 전체적으로 깨어있는 의식에 모든 것을 맡겨라. 의지와 노력을 배제하고, 내면의 잠재력과 가능성을 신뢰하고, 문제라고 느껴지는 것들에 관심을 두지 말고, 그저 자신에게 맡겨두어라. 명상의 과정에서는 유독 비(非)와 무(無)가 강조된다. 비(非)노력, 비(非)추구, 비(非)의지력, 비행(非行)함, 비(非)일관성, 비움, 기교 버림, 배운 것을 포기함, 무위(無爲), 비(非)집착을 통한 떠돎(표류), 희망과 미래 없음.

그저 휴식과 이완, 그물에 걸리지 않는 바람처럼……. 그것으로 족하다.

김월하의 가곡들
※ 참고 : 여기서 가객(歌客)의 소리를 찾아 한 번 들어보는 게 좋을 듯하다.

6) 기도, 명상과 사랑, 나눔

기도는 그대가 육신으로 존재하고 있다는 것, 전체와의 조화와 존재의 신비에 대한 경이감, 혼란과 고통으로 점철된 육신의 삶의 이면에서 작용하고 있는 존재계에 대한 감사함이어야 한다. 깊은 감사의 기도는 그대를 전체와 합일할 수 있는 기회를 제공해 줄 수도 있다. 기도 속에서, 무의식 속에 옹골차게 자리 잡고 있는 추악한 에고가 용해되고 욕망이 줄어들면서 전체가 그대에게 스며드는 느낌을 받을 것이다. 명상을 통하여 접하게 되는 축복, 은총, 평화를 진술하게 감동할 수 있다면 그대는 존재 전체에 대해 감읍(感泣)하지 않을 수 없을 것이다. 그때의 고요와 침묵 그리고 평화와 축복.

'홀로 존재하는 법'과 '함께 사는 법', 이 두 가지가 상충되지 않는 것과 마찬가지로 명상 속에 존재하면서 사랑을 해야 한다. 구도자들은 홀로 있음의 향기가 자연스럽게 우러나오며, 더불어 연민 또한 생겨나기 마련이다. 명상과 사랑을 분리시키지 말라. 명상적으로 사랑하라. 그때……. 전체성.

나눈다는 것은 에고에게는 항상 손해처럼 보일지라도 기부와 나눔, 봉사 등은 실재로는 더 많은 풍요로움을 제공해 준다. 많이 베풀수록 더 많은 풍요를 향유할 수 있다. 주어라. 주면 줄수록 그대는 더 많은 만족과 풍요와 기쁨을 누릴 것이다.

명상을 나누어 주는 것은 최고의 선물이다.

7) 능력과 위험

명상이 깊어지면 무의식의 찌꺼기들이 정화되면서 평소에는 경험하지 못하였던 느낌이나 기이한 체험, 신비로운 음성, 환영 등이 나타나는 경우가 있고, 미래에 대한 예지나 상대방의 마음을 읽을 수도 있는 능력이 가끔씩 발현되기도 한다. 여기가 마경이다. 이런 능력을 대단한 성취라고 집착하거나 더 강력하고 새로운 능력에 대한 기대와 욕망은 풀 섶을 지고 불구덩이로 뛰어드는 주화입마(走火入魔)의 첩경(捷經)이다. 이런 상황이 발생하면 '샛길로 빠짐'이라는 표식이라고 인식해야 한다. 그런 것들은 명상의 과정에서 잠깐 나타났다가 사라지는 것이라고 간주하라. 가장 좋은 방법은 스승과의 면담이고 여의치 않다면 앞선 구도자들의 조언을 구하라. 이런 상황을 자제할 수 있을 정도로 명상이 성장하지 못한 채, 새로운(?) 능력에 탐착하게 되면 이제껏 공들여 온 탑이 순식간에 무너질 것이다. 더군다나 능력에 대한 착각과 확신은 어리석은 대중들을 혹세무민(惑世誣民)하여 엉뚱한 곳으로 인도하는 더 큰 죄를 범하게 되는 것이다. 명심하고 또 명심해야 한다.

무위의 상태로 남아서 그 모든 것을 응시하고 있으면, 경험자인 그대도, 경험의 대상도 사라지는 순간이 온다. 그렇다고 그대의 명상과 무념의 상태가 곧 깨달음으로 이어질 것이라는 생각은 착각이다. 명상은 그저 방편이고 바다에 이르게 해주는 길잡이일뿐이지 깨달음에 이르려면 아직도 지난한 과정이 남아있다.

구도자들이여! 휴식을 충분히 즐기되, 탐착하지는 말라.

5. 명상 후기

1) 자유

에고에서부터 수행을 거쳐 명상에 이르는 전 과정에 대한 이해와 통찰의 힘이 생겨나야 자유를 느낄 수 있으며, 죽음은 실재하는 것이 아니라는 자각이 생겨나야 해방과 부활의 상태를 감지할 수 있게 된다. 이런 안목이 생겨나야 그대는 자신과 존재계에 대한 책임이 무엇인지 알 수 있게 된다.

그대는 하나의 개인으로서 개체성을 획득하게 되고, 사회에 의해서 강제되었던 도덕과 인격 등의 가면을 모두 폐기처분할 수 있는 권능을 지니게 된다. 상구보리와 하화중생, 이 두 가지 모두를 이루어야만 한다는 인식이 생겨나야만, 구도의 각오를 새롭게 하는 계기가 되는 것이다.

그대는 제자인 동시에 스승으로서 갖추어야 할 진지한 태도를 서서히 감지하면서 나아가야 하는 것이다. 자유와 연민으로 가득한 그대 같은 구도자야말로 '멋진 신세계'를 열어나갈 수 있는 기본적인 자질을 갖춘 아름다운 존재이다.

2) 통찰

명상이 깊어져서 취모검(吹毛劍)과 같은 민감함과 예리함이 더욱 숙성되고 정말로 소박하게 만물을 바라 볼 수 있게 되면, 이분법적인 사고방식과 가치관은 저절로 사라질 것이다. 거짓을 거짓으로 볼 수 있는 안목이 생겨나야만 진리를 진리로 볼 수 있는 토대가 마련되는 것이다. 이런 과정에서 수행자로서 추구하였던 목적인 진리에 대한 욕망의 허구성이 적나라하게 드러나고, 자신의 무지를 뼈저리게 자각하여야만 통찰의 힘이 성장하고, 이 통찰의 불이 그대의 무의식에 내재되어 있던 어리석음을 모조리 태워버릴 것이다.

자신이 하고 있는 말이나 행동이 어리석음의 소치임을 자각하는 것이야말로 지혜의 시작이고, 이것이 성숙되면 직관, 내적 고요와 정적을 체험하게 되고, 텅 빔의 상태를 감지할 수 있다. 그러면 '아즈나 챠크라(Ajna Chakra)'라고 불리는 제3의 눈이 열리면서 존재 전체를 관류(貫流)하는 생명 에너지를 볼 수 있는 통찰과 지혜, 직관을 경험하게 될 것이다.

제3의 눈이 열려서 지혜가 발현되기 시작하면 그대가 자신을 스스로 드러내지 않아도 '침묵의 향기'와 '피안의 빛'이 현현(顯現)하게 된다. 이런 징후의 구도자들은 대단한 흡인력을 지니게 되어 수행자가 아니더라도 고도의 지성을 지닌 사람들이라면 그 구도자의 탁월함을 즉시 인식하게 된다.

3) 하강과 상승

그대가 '홀로 있음'이 주는 평화와 침묵, 정적의 기쁨을 알게 될수록 더욱 자신 속으로 침잠하게 되고, 뿌리내려서 중심 잡혀있는 영적 각성이 숙성된다. 명상을 통해서 그대가 경험해야 하는 것은 자신에 대한 유기적인 통합성과 전체성, 존재와의 조화성이다. 즉, 그대가 전체와 단 한 순간도 분리된 적이 없었다는, 궁극적으로 동일하다는 일치감을 감지할 수 있게 된다. 이런 것들을 통하여 에너지의 불필요한 소모를 방지하게 되면, 명상은 수직 하강하여 존재의 근원으로 파고들게 되고, 의식은 수직 상승하여 '아즈나 챠크라'로 이동, 막대한 에너지가 집중되는 것이다.

그대는 허공으로의 비상과 심연으로의 침잠 두 가지를 동시에 경험하게 되는 것이다. 심연으로의 침잠은 침묵을, 허공으로의 비상은 지복을 느끼는 동시적인 경험을 하게 될 것이다.

4) 죽음

명상은 죽음, 어둠, 불편함을 적극적으로 수용하고 자발적으로 끌어안는 과정이다. 이 과정을 통과하지 못하면, 깨달음은커녕 지복에조차 이를 수 없다. 어둠은 그저 존재하는 영원한 것이다. 작은 태양이 광대한 우주의 어둠을 얼마나 밝힐 수 있단 말인가.

변함없는 지속성, 이것이야말로 도(道), 진리, 깨달음이다. 모든 것은 변하나 그 변화의 중심이나 수레바퀴의 축, 내면은 항상함과 영원함, 공(空), 무(無)라는 자각이 명상의 다음 단계인 깨달음의 출발선이 되는 것이다. 명상은 항상 어둠, 죽음으로 향해야 한다. 그대는 죽음을 수용하고, 그 심연으로 자발적으로 추락해야 한다.

5) 벗어남

붓다와 노자의 사생아인 선(禪)은 그 자주적 기상 때문에 붓다의 그 많은 법문들을 모조리 부정, 폐기처분하고, 수행법인 비파사나마저 헌신짝 버리듯 던져버렸다. 중국인들은 특유의 현실적이고 실제적인 수행방법으로 선을 탄생시켰다(인류가 고안해낸 수행과 명상의 방편 중에 전무후무

(前無後無)한 최고의 방법이 아닐까 싶다).

선은 명상에서 강조하는 고요와 침묵, 정적 등 그 모든 것을 깡그리 부정하고 명상의 최고 목표인 '초월'마저 초월해야 한다는 전대미문(前代未聞)의 극한적 방법과 목표를 제시하였다. 그 모든 속박과 조건화에서 벗어나는 것은 물론이고, 그 벗어난다는 관념과 의도, 행위조차 벗어나야 한다는 것, 그것이 선사들의 일관된 가르침이었다.

왈(曰), "깨버리고, 벗어나고, 넘어가라."

6) 꿈과 숙면

19세기에 구제프(Gurdjieff. 1872-1949)[2]가 언급한 꿈속에서의 자각상태는, 인도에서는 이미 2,500년 전에 구도자들이 알아낸 것이고, 선가에서는 몽중일여(夢中一如)의 단계를 지나 숙면일여(熟眠一如)의 명상단계를 명확히 밝혀놓았다. 군인들이 행군하면서도 잠을 자는 것과 같이 그대의 몸이 너무나 피곤하여 '깜빡 존다.'고 표현되는 단 5분간의 숙면에 빠질 때조차도 '각성'이 성성하게 깨어있게 되면, 그대는 그 '비밀의 문' 바로 앞에 서있는 것이다. 그 전에는 어림도 없다.

7) 주의점

명상의 후반부에 이르면 두 가지 주의할 점이 있다. 하나는 그 무엇, 깨

---

2. 20세기 초 '서양의 달마'라고 불렸던 신비가

어있음에도 집착하지 말라는 것이다. 깨달음에 대해 알려고도 욕망하지도 말라. 다른 하나는 어떤 분별심도 일으키지 말라. 그것이 일어나면 그대로 두어라. 바라보지도 말라. 그냥 내버려 두어라. 무집착과 무분별이 요구되는 것이다.

명상의 초·중기 과정에서 그대가 향유하였던 이완과 방임, 평화, 지복은 구도자들이 수행단계에서 겪어내야만 했던 고행의 대가를 충분히 보상하고 남음이 있다. 고된 수행을 통과하고 폭포처럼 떨어지면서 자신이 소멸될지도 모른다는 두려움을 통과한 구도자들이 누리게 되는 지복은, 육체로 느낄 수 있는 쾌락의 신호와는 질적으로 엄청난 차이가 있다. 이제 구도자들은 '피안의 향기'가 무엇인지 감지하기 시작하고, 침묵의 평화를 느낄 수 있는 단계까지 밀고 올라왔다. 그러나 이 행복(?)의 순간은 하룻밤 묵어가는 여관이지, 구도자가 계속 머물 수 있는 '본래의 집'이 아니다. 너무나 편안한 경험이기 때문에 그대가 그곳에 집착하면 스스로 떨치고 일어나기가 어렵다. 이 지점이 이른바 '탐닉의 강'이라고 명명된 곳이다.

스승은 그대를 거칠게 깨울 것이다. 스승은 에고에 타격을 주어 그대를 깨웠던 것보다 더 강하고 거칠게 그대를 몰아세울 것이다. 왜냐하면 이 과정은 너무나 달콤하기 때문이다.

그대가 추구하고 도달해야 하는 것은 진리이지 지복의 단계가 아니다. 강(江)의 편안한 흐름에 만족하지 말고 바다로 진입해야 하는 것이다. 이제 바다로 사라져야 하는 결단의 시기가 다가오고 있다. 지복의 단계에서 다시 깨어나서 과감하게 바다로 진입해야 한다. 궁극적 해방의 상태인 신성(神性)과의 조우가 멀지 않았다.

낙동강 하구에서

허만하

바다에 이르러
강은 이름을 잃어버린다
강과 바다 사이에서
흐름은 잠시 머뭇거린다

그때 강은 슬프게도 아름다운
연한 초록빛 물이 된다

중략

섭섭함 같은 빛깔
적멸의 아름다움

미지에 대한 두려움과
커다란 긍정 사이에서
서걱이는 갈숲에 떨어지는
가을 햇살처럼
강의 최후는
부드럽고 해맑고 침착하다

중략

죽음을 매개로 한 조용한 轉身
강은 바다의 일부가 되어
비로소 자기를 완성한다.

IV. 깨달음

1. 서문

고단하고 긴 여정과 달콤한 휴식, 죽음을 각오한 전투를 경험하고 드디어 '집'에 도착하였다. 돌아보면 엄청난 여정이었지만 한편으로는 주마등 (走馬燈)같이 지나가는 짧은 과정이었다는 느낌이 들기도 할 것이다.

홍보가 중 '제비 노정기' : 박봉술
※ 참고 : 여기서 가객(歌客)의 소리를 찾아 한 번 들어보는 게 좋을 듯하다.

회통(會通)이라는 제자가 스승인 도림(道林)선사에게 물었다.
"어떤 것이 화상의 불법입니까?"
대사가 즉시 옷에서 실을 하나 뽑아서 휙 하고 불어 날렸다. 그때 회통이 깨달았다.

배를 끌어안고 박장대소(拍掌大笑)하거나 너무나 당연해서 허망한 미소만 나올 뿐 여행은 끝났다. 하지만 한 단계가 마무리되었을 뿐 진짜 공부의 시작은 지금부터이다.

2. 전체과정

이 여행은 우리가 통상적으로 하는 것과 동일하다. 집에서 출발해서 여러 곳을 돌아다니다가 다시 자신의 집으로 돌아오는 것이다. 즉, 출발점이 목적지라는 것이다. 출발하려고 결심하는 그 순간 이전에, 목적지는 이미 자신에게 존재하고 있는 것임에도 그대는 그 사실을 전혀 자각하지 못하고 있기 때문에 제자리로 돌아오기 위해 먼 길을 방황하며 에둘러 헤매야만 하는 것이다. 나에게서 떠나본 적이 없는 진리를 발견하기 위하여 에고가 산산이 파괴되지 않고서는 그대 자신에게 도달할 수 없다.

수행과 명상에서 강조되었던 이해와 탐구는 그 과정에서 필요했던 방편이었을 뿐이다. 깨달음은 무엇인가를 추구하는 과정의 결과로 획득되는 것이 아니다. 목표를 설정하고 추구해 가는 주체인 '나' 자신을 파고 들어가서 잠재의식과 무의식을 꿰뚫고 '과녁'에 그대의 의식이 꽂히고, 그대가 사라져야 깨달음이 스스로 드러나는 것이다.

깨달음의 과정은 보통의 바보라는 인식에서 출발하여 '앎'의 체험을 통과하여 보다 고차원적인 무지한 바보의 상태로의 변형을 의미하는 것. 바보에서 또 다른 바보로의 진화, 이것이 에고에서 깨달음으로의 변화이다. 산(山)아래 있던 똑똑한(?) 바보가 정상체험(Peak Experience)을 한 후 한산(下山)하여 보통 사람과 같은 유일무이(唯一無二)한 바보가 되는 것이다.

에고에서 스승으로 혁명하는 깨달음을 향한 의식 탐구

모든 존재에게는 숙명이라는 굴레가 지워져 있지만, 한편으로는 그것을 도약대로 뛰어 넘을 수 있는 가능성인 슬기와 지혜가 공존한다. 어떻게 우리 본래의 고유한 본성인 사랑과 자유에 이를 수 있는지가 수행과 명상, 깨달음의 전 과정이다.

깨달은 자는, 진리는 너무나 광대하고, 자신이 체험한 '앎'은 전체에 대한 자각의 일부라는 것을 잘 알기 때문에 자신이 '무지하다'는 것을 안다. 통상적으로 명상의 장(場)에서는 에고의 무지를 무명(無明)이라고 표현하고, 붓다들의 겸손은 '무지(無智)'라고 낮춘다. 붓다들의 이 무지야말로 어린아이 같은 순수성과 단순성, 수용적인 고요를 의미한다. 그들은 자신이 알지 못한다는 것을 스스로 인정(?)하고 즐긴다.

생명의 메시지를 각성하고 전체적인 그림을 자각하게 되면, 죽음과 삶이 동전의 양면임을 알게 된다. 또한 죽음에 대한 두려움과 삶에 대한 집착이 모두 허망한 그림자임을 파악하게 되면 삶은 축제이고, 죽음은 해방이라는 것을 확연하게 볼 수 있다(見).

각자들은, 깨달음의 초기에는 찬란한 아우라와 인드라의 광휘(光輝)에 휩싸인 상태에 머물지만 차츰 그 광배(光背)는 사라지고 평범한 인간인 지장보살이 되어 간다.

3. 깨달음이 드러나기 직전

1) 균열

폭력 영화에서 자주 등장하는 총알을 난사하게 되면 구멍이 뚫려서 그 벽 외부에서 작은 빛줄기들이 들어오는 장면이 나오는데, 여기가 딱 그런 국면이다. 사고와 사념 사이의 간극(間隙)이 너무나 정확하게 보이고, 그 틈 사이에서 창조, 유지, 파괴의 전 과정이 확연하게 자각되며, 그 심연에 무엇인가가 존재한다는 것을 너무나 분명하게 알게 되지만, 글쎄 무얼까. 구멍이 나고 균열이 생겼지만 벽 자체가 허물어지지는 않고, 벽을 힘껏 밀어서 속 시원하게 바깥쪽으로 나갈 수 있을 것 같지만 그것이 안 되는 답답함.

알듯알듯하지만 딱히 확연하게 알 수 없는, 이곳이 바로 선가(禪家)에서 콕 찍어서 표현한 '더 나아갈 수 없는' 그 지점이다. 진퇴양난(進退兩難), 산 아래에서 보였던 정상은 사라지고, 하산할 수는 없고, 올라가려고 하지만 고지는 보이지 않고, 안개가 자욱하여 어디가 길인지 낭떠러지인지…….

깨달음이 드러나기 직전에는 '할 만큼 다했다', '구도는 개나 주어라', '나는 깨달을 수 없는 종자(種子)인가 보다', '이번 생을 깨끗이 마감하고 다음 생에 다시 도전해 본다.' 혹은 '지금 내가 무얼 하고 있는 거야, 진리나 깨달음이라는 것이 진짜로 있기는 한 거야.'라는 포기와 의문에 휩싸이게 된다. 생존에 대한 완전한 포기와 무의식까지도 죽음에 대한 강렬한 충동에 휩싸일 때나 의식의 초점이 미간에 집중되어 폭발하기 일보 직전일 때,

그 어떤 대상도 자각되지 않을 때 혹은 그 의식이 의식 자체로서 일치하게 될 그런 연후에 어떤 사소한 계기에 의해서 폭발이 일어날 수 있다.

스승들이 이때의 침묵 속에서 깨달음이 일어난다고 언급한 것은 깨달음의 토양이 그렇다는 의미이고, 깨달음의 발현은 작은 계기가 필수적이다. 스승들의 봉(棒)이나 할, 경전의 한 구절, 돌에 맞아 꺾어지는 대나무 소리, 물지게를 지고 오다 넘어져서 물을 몽땅 쏟는 것 등이 폭약의 도화선에 불을 댕기는 것일 수 있다. 물론 에고의 임계치까지 밀고 올라온, 준비된 구도자에게만 일어날 수 있는 현상임은 두말할 필요가 없다.

깨달음 직전에는 죽음의 심연과 실질적으로 직면하고 정말로 그대가 죽어야 깨달음이 드러난다. 유대의 격언에 "그대는 살아있는 신(神)을 만날 수 없다."라는 의미가 이것이다. 그대가 죽어야 신이 현현(顯現)하며, 신의 현현은 그대가 사라져야만 가능한 것이다. 마음과 평화, 무의식과 각성이 공존할 수 없듯이 에고와 깨달음의 만남은 영원히 불가능하다.

2) 의문

수행과 구도의 과정에서 필요했던 수단과 방편들은 그 기능과 수고를 다 하였으니 내려놓으라. 십자가를 지고서는 그 '문'을 통과할 수 없다. 그대 자신마저 버려야 하거늘 십자가라니…….

그 지점에서는 스승도 그대를 도와줄 수 없다. 그대에게 필요한 자세는 '포기의 용기'이다. 더 이상 어떻게 해 볼 수 있는 에너지도 없고, 깨달음에 대한 기대도 없고, 삶과 죽음도 이미 넘어선 미련도 집착도 없는, 그저 사라지고, 용해되고, 죽을 수 있는, 텅 비어 소멸되어 버릴 그런 포기의 용기

– 자세 – 가 요구된다.

의문을 뭉치고 또 뭉쳐서 송곳마저 꽂을 곳이 없는 지경에까지 밀고 올라가는 치열한 구도(求道)의 행각이 수반되어야만 그 의문이 스스로 자폭하는 상황이 발생한다.

[향엄 지한선사(香嚴 智閑禪師) 게송(偈頌)]

작년 가난은 가난이 아니요, 금년 가난이 진짜 가난이다.
작년 가난은 송곳 꽂을 땅이 없더니, 금년 가난은 송곳조차 없어졌도다.

고통과 고뇌로 일그러진 치열하고 사생결단을 내리려는 자세가 그 의문을 폭파시킨다. 에너지를, 의문을 모으고 뭉치고 집중시켜라. 미간에! 그때 마지막 남은 최후의 에너지를 집결하여 균열되고 구멍 난 은산철벽(銀山鐵壁)을 향해 최대한 빠르게 뛰어가서 죽을 각오로 그 벽에 부딪혀라. 모든 사고와 인식이 소멸되어 버리는 상황이 생겨나고, 의식이 의식 자체를 의식하고 자각하는 상황이 조성되어야 깨달음이 드러나는 것이다.

*추신 : 필자 경우 풀리지 않는 의문과 고통, 발광 직전의 자살에 대한 충동들 때문에 머리가 터질 것 같았다. 이마를 벽에 짓찧어서 뭔가 시원하게 뚫렸으면 하고 시도해 보았지만 아무런 변화가 일어나지 않았다.

에고에서 스승으로 혁명하는 깨달음을 향한 의식 탐구

3) 아티티[1]

그대가 일으키는 모든 관념과 사념 밖이 진리이고, 그대가 분별을 일으키는 바로 직전이 깨달음이다. 어떤 감각 기관으로도 깨달음은 관찰되거나 인식할 수 없다. 의문을 뭉치고 뭉쳐서 그대 자신이 의문 자체로 '화(化)'해야 돌연적 폭발이 일어나는 것이다.

성자들이 한 목소리로 일러주는 '절대적 절망', '견딜 수 없고 치유될 가능성 없는 고통의 연속', '지식과 기억, 에고의 완전한 제거', '번뇌, 알음알이, 사념의 정지', '자살의 충동과 실행 직전의 고(苦)의 거대함', 구도자가 어찌할 수 없는 '장기간의 압박' 등의 상황에 직면해야만 한다. 극한의 상황에 내몰린 불치의 환자가 회생할 수 있는 항체가 형성되고 기적적으로 겨우 목숨만 건지는 그것이 바로 깨달음이다.

깨달음은 그대가 예측하거나 기대하고 있으면 ─ 그것이 바로 에고의 시퍼런 활동이다 ─ 절대로 일어나지 않는다는 것이 철칙(鐵則)이다. 아무런 기다림 없이, 깨달음에 대해 관심조차 없어질 때 어떤 작은 계기에 의해 느닷없이 아티티가 찾아 온다.

---

1. 인도어, 초대 하지 않은 손님

4. 초견성(初見性)의 경이(驚異)

1) 초견성(初見性)

그날 아침 눈을 뜨면서 불현듯 이런 질문이 떠올랐다. '잠에서 깨어난 나는 누구이고, 그것을 바라보고 있는 나는 또한 누구인가?'라는 의문과 동시에 무언가 왕창 무너지면서 허공에 번개 치듯이 섬광처럼 꽂혀오는 것이 있었다. 다시는 의심이 일어날 수 없는 그 체험, 견성(見性)이었다. 본래 성품(本來性品)을 본(見) 것이었다. 에고가 무너져 버리고 마침내 진아(眞我)가 스스로 모습을 드러낸 것, 깨달음은 획득되는 것이 아니라 저절로 드러나는 것임을 너무나 확연하게 봤다(見).

깨달음이 드러난 그 순간 직후에 너무나 어처구니가 없어서 그저 어이없는 미소만 흘러나왔다. 나에게서 이렇게 단 한 번도 떨어져 있던 적이 없었던 그 본래 의식을 찾기 위해서 그렇게 많은 고통과 고뇌, 불면, 절망, 광기의 시간을 보냈단 말인가. 이렇게 에둘러 멀리 돌아 자살 직전에까지 몰리면서 알아낸 것이 나 자신이라니, 이것이 깨달음이라니…….

명상의 후반부에서 확실히 알고 있었던 '틈' 사이의 그 심연 같은 곳에 무언가 존재한다는 확신, 17분의 1초의 간격인 필름과 필름 사이에 존재하는 그 무엇에 대해 알고 싶다는 미칠 듯한 고뇌의 결과물이 나 자신이라니. 작용과 본체, 창조, 유지, 파괴의 전 과정, 열매, 꽃, 줄기와 뿌리, 향기와 나비, 벌……. 그 모든 것이 나라는 의식체라니……. 아트만(Atman)과 브라만(Brahman)이 나의 내부에 육신이 생겨날 때부터 소멸될 때까지 똬리를 틀고 내가 방문해 주기를 기다리고 있었다니…….

깨달음의 실체가 있을 것이라는 필자의 예측은 간단하게 무너지고 순수 의식, 순도 99.99%의 의식체가 깨달음이라니 도대체 어안이 벙벙할 뿐이었다. 갑자기 시 한 수가 떠올랐다.

진종일 봄을 찾았건만 봄은 없었네
산으로 들로 짚신이 다 닳도록 헤맸네
지쳐서 돌아오는 길 뜨락의 매화 향기에 미소 짓나니
봄은 여기 매화가지 위에 활짝 피었네.[2]

언어적 표현으로 '깨달았다', '깨달음을 얻었다'라는 것이 아니라 내부에 오랫동안 잠들어 있던 그것이 나의 방문에 의해 스스로 '드러나는 것'이었다. 결코 얻어지는 것이 아니며 이미 존재하고 있는 것을 각성하면 되는 것이었다.

깨달음이 드러남과 동시에 즉각적인 인식들이 발현되었다. 불이(不二)와 일체성, 일원적(一元的) 통일성, 존재가 존재하기 위해서는 부대적(附帶的) 존재가 필수적이며, 이 둘은 절대로 분리될 수 없다는 자각, 이 둘의 초월이 바로 무(無), 공(空)이며, 대상과 주체가 사라진 순수의식의 발현, 부분을 자각하면 전체화(化)된다는 각성, 어느 곳에도 존재하지 않으면서 그 모든 곳에 존재한다는 이율배반적인 역설의 체득, 물질과 의식의 융합과 그 너머의 무(無), 모든 강제되고 조건화되었던 도덕, 인격, 지식, 정보 등이 쓰레기요, 똥 덩어리였다는 인식, 내 본래면목(本來面目)이 바로

---

2. '봄을 찾다', 중국 송나라 무진장 스님

神(신성)이라는 자각과 모든 종교에서 떠벌리는 인격적이고 대상적인 신(神)은 모두 허구라는 것 등(이런 것들이 스승으로서 가르침을 펼 때 훌륭한 방편이 될 것이라고는 그 당시에는 알지 못하였다)……. 갑작스러운 자각들이 그야말로 폭우에 불어난 계곡물처럼 쏟아져 나왔다. 오롯한 '제 정신'이었지만 정말로 제 정신을 차릴 수 없을 정도의 사실(진리)들이 불꽃놀이처럼 끊임없이 터져 나왔다.

돌이켜보면 해결되지 않을 것처럼 보였던, 해결이 불가능해 보였던 그 많은 의문들에 대한 해답들이 댐에 작게 뚫린 구멍으로 물이 솟구치듯 폭발적으로 터져 나왔다. 해답이라기보다는 의문 자체가 사라져 버렸다. 그 현기증, 아찔함, 선사들이 그토록 강조한 '지금', '여기'가 있는 그대로 충만함이며, 전체성이며, 구족이고 무한이라는 표현의 의미를 체득하게 되었다. 모든 의문과 고뇌가 순식간에 사라지고 탈옥, 해방, 수직상승의 의미가 무엇인지 그냥 저절로 알게 되었다. 붓다가 "나는 아무것도 아니다."라는 표현과 샹카라(Shankara)가 "나는 모든 것이다."라는 표현이 정확하게 일치한다는 것에 대한 전체적인 자각이 바로 일어났다.

선문답에서 보여주는 "숨 막히는 전환, 눈부신 섬광, 귀를 찢는 고함, 경악할 돌발사, 신비한 수수께끼, 머리로는 이해할 수 없는 저쪽 세계로의 비약, 나아가 감질 나는 유머와 기이한 행동, 형언키 어려운 심장의 고동소리 그리고 저 **빼놓**을 수 없는 우주적인 농담"[3]이 일목요연하게 드러났다. 중도(中道), 자성(自性), 진리, 도(道), 자연의 질서, 생명력, 우주의 메커니즘 등이 의미하는 것을 즉각 알게 되었다. 모든 아함카라[4]의 작용

---

3. 《선의 황금시대》, 오경태
4. 오감을 통해 알게 된 경험의 축적이 '나'라고 생각하는 것. 즉, 에고

이 아트만을 배경으로 일어났다 사라지는 에고의 게임이라는 것을 알게 됨과 동시에 모든 속박과 조건화가 전체적으로 보이고 간단하게 넘어서게 되었다.

어리석게도 이것이 공부의 끝인 줄 알았다. 초견성이 깨달음의 첫걸음이고 참다운 공부의 시작이라는 것은 시간이 꽤 흐른 후에야 알게 되었다. 그 여정은 상상을 초월하는 엉뚱한 방향으로 진행되었다.

심청가 중 '심봉사 눈 뜨는 대목' : 한애순
※ 참고 : 여기서 가객(歌客)의 소리를 찾아 한 번 들어보는 게 좋을 듯하다.

2) 표현의 어려움

깨달음의 순간을 본다(見)라고 표현하는 이유는 무엇일까. 육신의 눈으로 보는 것은 분명 아닐 텐데. 그 순간에는 의식 자체, 순수 의식, 의식체. 바로 그것이 그 자신인 의식을 보는 것이다. 그런데 보는 주체(나)는 사라지고 없다. 보는 의식이나 보이는 의식이 동일한 상태로 전일하게 지속된다. 그것은 자기의식(나)이 아니다. 그렇다고 자신이 아니라는 의식도 아니다. 그런데 그 의식이 없어지는 것은 아니고 늘 존재한다. 그것을 표현할 수 있는 언어는 마땅한 것이 없었다. 분명하게 의식되는데, 비(非)물질적인 그 어떤 것이 뚜렷하게 자각되고 확연하게 보이는데 언어의 한계 때문에 무(無)와 공(空)이 등장하게 된다. 아니면 에고의 '사고체'와 대비해서 붓다들의 '의식체' 혹은 비어있지만(空), 꽉 찬(滿), 실존과 비(非)존재, 그저 '있음'과 '없음'으로밖에는 표현할 수밖에 없는 역설적 융합……. 이것이 인간 언어의 한계이다. 무엇을 어떻게 표현해야 그대가 '감'(感)이라도 잡을 수 있겠는가. 그러니 어떤 방식으로 깨달음을 전해야(傳燈) 할 것인지에 대한 스승들의 고민이 짐작이 가는가?

3) 선물

극도의 사고와 절망의 격변 속에서 간신히 살아남은 깨달은 자에게 주어지는 선물이란 고작(?) 아무것도 없음, 공(空), 무(無), 부재(不在), 비존(非存)뿐이다. 자살을 각오한 결사적인 구도자들이 기껏 얻는 것(?)은 에고의 소멸과 무상(無常), 무화(無化), 모든 이원적 분열의 소멸 그리고 존재 그 자체뿐이다. 기억, 사고, 느낌, 감정으로 정형화된 당신의 그 보잘것없는 삶 같은 것은 모조리 파괴되고 만다.

초견성이 일어나게 되면 히말라야와 같은 높이와 해저와 같은 깊이, 대륙과 같은 넓이와 사막과 같은 침묵과 고요가 찾아온다. 인류에게 영적 성장을 제시해준 모든 경전의 표현이 어떤 비유와 은유를 사용했더라도 그 내용이 의미하는 거대한 관류를 정확하게 꿰뚫어보게 되고 스승들이 고의로 생략하였거나 오해의 소지를 만들어 낼 수도 있어서 은근 슬쩍 누락(漏落)시킨 것들을 모조리 간파(看破)하게 된다. 따라서 인류가 이룩해 놓은 최고(?)의 경전이라는 것의 수준을 정확하게 파악할 수 있다. 성경의 구약, 신약의 한계와 문제점이 그대로 드러나고, 코란은 왜 영적 성장을 위한 경전이 될 수 없는지 그러한 경전들의 일부만 읽어보아도 그 유치함이 한눈에 보인다.

모든 사람들이 에고에 의해 어떻게 노예화되었는지 그리고 자신이 노예화되었다는 사실조차 모르는지 그들의 문제점과 해결방법이 저절로 떠오른다. 에고가 사라졌기 때문에 삶의 진정한 진, 선, 미가 드러나고 아름다움, 지복, 환희, 숭고함 등이 삶의 정수이며 축제임을 체득하게 된다. 그외의 변화는 생략하기로 한다.

4) 변화

깨달음에 대체로 나타나는 현상은 정적으로 충만하고 완전한 소리인 내면의 침묵이다. 본인은 고요한 정적, 깊은 환희 속에서 이완하고 있지만 미친 인류를 바라보아야 하는 고통과 연민, 자비가 저절로 우러난다. 한편으로는 울음과 같은 패닉(Panic) 상태가 시도 때도 없이 솟구친다. 깨달은 자가 자신의 수행과 구도의 노력은 미미한데 – 겸손을 떠는 것이 아니라 깨닫고 나면 실제로 그런 현상이 발생한다 – 존재계에서 이런 엄청난 선물을 준 것에 대한 감격과 이 길을 걸어갔던 선대 스승들에 대한 존경과 동질성에 감읍하게 되어 이런 현상이 발생한다. 또한 거의 발작적으로 무지한 중생들을 교화해야만 한다는 염원이 솟구친다. 내 의지가 아니라……

그 후로 감정의 격한 변화는 점차 순화되고 일상적인 생활을 영위하는데 무리가 없을 정도로 깨달음의 '순도'는 낮아지게 된다. 의식체는 사념과 주변상황, 전체적인 느낌 등 모든 것을 한꺼번에 정확하게 파악하는 고성능 레이더망과 같고, 그 즉시 감응에 의한 행위가 이루어진다.

광대한 진리에 대한 본인의 무지, 이에 대한 각성과 그로 인한 자연스러운 '위대한 포기'가 잇따른다. 깨달았다 하더라도 주먹 두 개의 크기(두뇌)

의 용량으로 어찌 진리 전체를 알 수 있단 말인가. 따라서 새로운 공부의 장이 열리는 것이다. 내가 왜 육신을 갖고 태어났으며, 무엇을 지향하면서 살아야 하고, 사후에는 어떤 존재로 진화를 계속할 것인가에 대한 예측과 비전(Vision)이 생겨난다.

깨달음과 진리와 앎의 미지는 계속 신비로 남을 것이고, 각자들은 "무지는 영원한 무지로 남을 것이다."라고 선언하고, 깨달음을 '그것', '아무것도 아닌 것', 'Nothing', 없음, 무(無), 공(空) 등의 부정적으로 표현한다(예외적으로 샹카라는 '모든 것'이라고 표현했지만). 어쩌겠는가. 깨달음이 그런 것인 것을……

5. 깨달음의 상태

1) 상실과 정지

깨닫고 나면 만사가 OK고, 유명해질 것이며, 여러 가지 능력이 생길 것이고, 대중들이 그대를 추앙할 것이라는 헛된 망상은 모조리 파괴된다. 깨달음은 기본적인 육체의 안정(?)과 그 모든 것들에 대한 상실, 상실감이 제공하는 최소한의 충만감이 주어질 뿐이다.

깨달음은 '나'라고 믿었던 그 사고와 의식, 정체성이 떨어져 나갈 뿐이다. '나' 그 자체의 완벽한 상실과 죽음 그리고 의식의 정지, 그뿐이다.

2) 역설과 모순

깨달음에서는 원인과 결과, 과정과 결과물이 분리되지 않으며, 어떤 경우에는 결과가 먼저 등장하고 원인이 뒤따르는 역설과 모순, 이율배반의 비(非)상식적인 상황이 일치한다.

[만법귀일(萬法歸一) 일귀하처(一歸下處)]

제자 : 만물이 하나로 돌아가는데 그럼 그 하나는 어디로 돌아갑니까?
조주 : 내가 청주에 살 때 무명옷을 지었는데 무게가 일곱 근이었지.

깨달음(無)에서 모든 것이 생겨나고 그 모든 것이 그 속으로 소멸된다는 것을 자각하게 되지만, 그것 자체, 만법의 근원인 깨달음과 본성은 수레바퀴의 축처럼 변함없음을 자각하게 된다. 깨닫게 되면 무(無)와 동화(同化)되는 일체성을 획득한다. 깨달음은 전체와 무(無), 동일한 내용의 양면성, 비(非)이중적인 태도, 유기체적인 통일성에 대한 그대 자신에 대한 자각이다. '나는 누구인가'라는 질문(화두)에 대한 해답이, 모든 의문을 불살라버리고 그것들을 '재'로 화(化)시켜버리는 이 앎의 내용이 '나 없음'을 확연하게 자각하는 것이다.

상카라의 "나는 전체이다."라는 선언. 그대 자신을 확장시켜서 삼라만상 존재하는 모든 것이 모두 그대 자신과 인드라 망(그물)으로 연결되어 있음을 알고, 그대와 관계되지 않은 것은 아무것도 없게 하라. 그러면 그대는 전체 속으로 용해되어 사라질 것이다.

붓다의 "나는 아무것도 아니다."라는 선언. 전체적으로 독존(獨存)하여 그 무엇도 그대와 관계 맺음이 없음을 알고 그렇게 하라. 그러면 또한 사라질 것이다. 그것도 아니면 무(無), 공(空)의 현현이 드러난다. 마음 없음이 공(空)이며, 마음 없음을 자각하는 것도 역시 공(空)이다.

3) 완전을 향한 움직임

운동과 휴식, 상태와 작용, 부분과 전체, 행위와 존재, 결합, 상충, 분산 그리고 상호 연계성. 존재하는 모든 것은 상호간에 밀고 당기는 영향을 주고받으며 자신의 질량이나 염력만큼 자신의 존재를 유지하고 있다. 그러면서 존재 이전으로 회귀하려는 본성과 재창조하려는 근원적인 욕구가 상호 교차, 작용하면서 삼라만상의 다단(多端)한(?) 현상을 드러낸다. 이런 현상은 존재하는 모든 것들이 변증법적인 과정을 통하여 '완전'을 향하여 움직인다는 본질에 기인한다.

창조와 유지, 파괴 그리고 나선형적 반복의 진화. 이것이 전부이고 전체이며, 도(道), 진리, 앎이다. 진리는 비(非)개인적이고 대양적이며, 어느 곳에나 두루 존재하는 바탕과 같은 것과 빠져서는 안 되는 것, 뺄 수 없는 것, 제거하고 파괴하여도 종래에 남는 것. 즉 무(無), 공(空).

4) 평상심(平常心)

깨달음 이후에는 모든 사념이 사라진다고 추측하는 구도자들이 다수 있는 것 같다. 에고는 사라지거나 해고되지 않으며 주인에서 종으로 역할이 바뀌고 기능이 현격하게 축소될 뿐이다. 사념은 그 진화론적인 결과 때문에 계속된다. 다만, 각자들은 그것이 방문하는 것을 거절하지 않고, 사라지는 것에 연연해하지 않을 뿐이다. 객(客)은 방문하고 돌아간다. 손님 대접을 소홀히 하는 것은 주인(主人)의 도리가 아니다. 그저 물끄러미 바라보며, 차단하려고도 하지 않고 쫓아내려고도 하지 않는다. 조주가 '차 한 잔 하시게.'라는 자세로 손님을 대접할 뿐이다. 이것이 평상심이다.

어느 날 아침 조주는 손님들을 맞이한 자리에서 그중 한 사람에게 이렇게 물었다.

"전에 여기 와본 적이 있는가?"

"예, 있습니다."

"그럼 차나 한잔 들고 가게."

조주는 다음 사람에게도 물었다.

"전에 여기 와본 적이 있는가?"

"아닙니다. 저는 이번이 처음 입니다."

"그럼 차나 한잔 들고 가게."

옆에서 이를 지켜보고 있던 원주[5]가 묻지 않을 수 없었다.

"전에 와본 적이 있다는 사람에게도 차 한잔을 권하더니, 와본 적이 없다는 사람에게도 역시 차 한잔을 권하시니 대체 무슨 뜻입니까?"

"이보게 원주!"

"예. 무슨 분부이십니까?"

---

5. 院主, 절의 살림을 맡아보는 중

"차나 한잔 들고 가게."

항상(24시간×60분×60초) 깨어있는 의식이 잠재의식과 무의식을 꿰뚫고 들어가 본래 의식에 도달하였음. 이것이 깨달음의 정의이다!

V. 스승

1. 서문

깨달음 이후에 이렇게 많은 변화가 일어날 줄은 전혀 예상하지 못했다. 역대 성자들도 약간의 언급만 하였지 구체적인 변화에 대해서는 설명하지 않았다. 깨닫지 못한 수행자와 구도자들이 깨달음 이후에 겪게 되는 과정을 미리 알게 되면 무의식 속에서 기대심리가 생겨나게 되고, 이것은 구도에 방해가 되기 때문에 스승들은 구체적인 상황을 알려주지 않았다.

깨달음은 궁극의 무(無)변화의 전일적인 상태일 거라는 예상은 여지없이 무너져 버리고, 신체에 여러 번의 변화가 생기고, 의식체에도 많은 변화가 일어나고, 깨달음마저도 사라져 버리는 경험이란……. 종래에는 지장보살의 염원과 스승으로서의 변화가 필수적이다.

2. 스승의 의식상태

1) 생명력

깨달음 이후 스승이 된 자들은 모든 분리와 모순을 끌어안으며 전체와의 합일(合一)이 이루어진다. 언어 표현의 한계가 있지만 그는 완전체, 신성의 현현이다. 즉, 조화 자체인 전체성이다. 그는 생명력 그 자체의 발현이다.

'영산회상' : 정능학회
※ 참고 : 여기서 국악연주모임의 명연주를 찾아 한 번 들어보는 게 좋을 듯하다.

2) 모름

노자의 '언자부지(言者不知), 지자불언(知者不言)'이라는 짧은 외침은 에고와 붓다들을 확연하게 갈라놓은 금언이다. '도달한 자는 침묵 속으로 사라진다', 붓다들은 '안다'는 것이 있을 수 없다. 깨달음인 진정한 앎, 그 자체는 주체도, 대상도, 관계도 없이 그저 의식 자체가 의식을 의식하는 통일적 단일성만이 존재할 뿐이다. 그러니 스승이 무엇을 안다고 떠벌릴 수 있겠는가. 그는 무엇을 아는 것이 아니라 순간순간 의식체가 언제나 예민하고 빈틈없이, 한 치의 분리도 없이 '앎'을 의식하고 있다.

3) 존재자

일반인들에게 잘(?) 알려진 붓다나 예수, 노·장자나 전등록(傳燈錄)에 등장하는 선사들 그리고 현재는 전설로만 남아있는 한국의 고승들의 설법이나 단편적인 일화들을 수행자들이 접하게 되면, 그들이 비(非)상식적이고 이율배반적이며, 역설적인 웅변가(?)라고 심각하게 오해, 착각을 한다. 스승들은 어느 순간, 어느 곳에서나 거침없는 설법을 토해낼 것이라고 생각한다. 그러나 그들은 단지 자신의 가슴을 열어 보이는 단순하고 순박한 존재자일 뿐이다.

스승은 전체적인 시각을 가지고 있으며 완벽한 의식을 지니고 삶 전체나 전생(前生), 사후(死後)에 대해서도 꿰뚫고 있다. 그들은 침묵하고 있지만 일상생활의 모든 것인 수천 가지 방법으로 진리를 손수 보여준다. 천수천안(千手千眼)의 관세음보살처럼 스승은 존재 그 자체가 방편이다.

어떤 제자가 스승에게 물었다.
"표식을 보여주십시오."
스승 왈, "내가 곧 표식이다."

4) 무계획

스승은 미래에 대한 계획이 없다. 존재계가 일으키는 모든 상황에 대해 열려있을 뿐이다. 자신이 어떤 심리적인 계획을 세워도 그 계획의 달성을 위해 노력한다는 것이, 쉽게 경로를 변경한다는 것을 잘 알기 때문이다.

스승은 어떤 일이 자신을 찾아올까 하며 그 순간 자체를 즐기면서 기다리고 있다. '손님'에 대해 반갑고 정중하게 감응하고 즐긴다. 떠나면 가볍게 인사하고 다음 손님을 기다린다. 그 손님이 자신의 육체라도……. 그러니 스승이 무슨 회한이나 후회가 있겠는가.

에고들이 생로병사, 희로애락으로 널뛰는 모습을 그저 담담하게 바라보며 지나갈 뿐이다. 그는 자취가 없다. 허공의 새 발자국처럼.

5) 평판

스승은 말할 것도 없고 붓다들[1]은 그 누구의 비난과 칭찬, 숭배, 추종에도 전혀 영향을 받지 않는다. 그 모든 것이 에고의 게임인 것을 뼈저리게 경험하며 통과하여 왔는데 그런 것들에 연연해하겠는가. 제자들의 어떤 평가도, 수제자가 배반해도 스승은 미소 지으며 '차나 한잔'할 뿐, 배신감이나 격분을 드러내지 않는다. 그런 감정조차 일어나지 않고, 설령 일어난다고 한들 그런 경험을 즐길 뿐이다. 제자가 스승을 배반하거나 떠나는 것은 모두 수행에 방해가 될 뿐이다. 스승은 나무 밑에 앉아서 뙤약볕 아래서 그림자와 씨름하는 제자를 그저 바라보며 가여워한다.

6) 예측 불가능

스승은 그 순간순간에 감응하여 즉흥적이고 예측불허의 언사와 행동을

---

1. 깨달은 자들을 통칭함. 깨달았다고 모두가 스승이 되는 것은 아니다. 역사에 이름을 남기지 않고, 홀로 육신의 삶을 즐기다가 침묵 속으로 입적하는 깨달은 자는 스승이 아닌 것이다.

구사한다. 그대가 그와 함께 있어도, 어떤 질문을 해도 그의 반응과 대답은 그저 빈 대나무의 젓대처럼 깨달음이 일으키는 소리를 여과 없이 드러낼 뿐이다. 그것이 붓다들의 본성이고 진리의 드러남이며, 깨달음인 침묵의 함성이다.

그대는 스승의 상태가 고요한 호수처럼 잔잔할 것이라고 추측하겠지만, 그는 언제나 일정한 상태로 존재하는 것이 아니다. 파도가 치고, 밀물과 썰물이 반복되고, 심해와 같이 고요하지만 태풍이 오면 해일을 일으키는 변화무쌍한 존재이다. 왜냐하면 모든 상황이 시시각각 변하고 그대 또한 유혹과 욕망에 널뛰기 때문에 스승도 그 상황 상황에 맞추어 그대를 제접(提接)해야 하기 때문이다. 모든 반응은 그의 텅 빔, 공(空), 무(無)에서 나오고 흔적도 없이 사라진다.

7) 해탈

의식체는 의식 자체나 외부의 대상과 감각들의 반응과 한 치의 어긋남이 없이 존재한다. 그 의식이 단 한순간도 끊어지지 않고 계속 유지되는 것이 붓다들의 본성, 의식체의 본질, 즉 불성(佛性)이다.

깨달음이 드러난 후에 일정(?)시간이 경과하면 해탈(解脫)의 단계에 들어서게 된다. 초견성에서 해탈을 거쳐 지장보살의 단계까지 나아가야 완전한 전체성인 불멸의 존재가 되는 것이다. 선가(禪家)에서 회자되는 습기의 제거, 보임의 단계를 훌쩍 지나가야 이를 수 있는 경지이다.

8) 부활

힌두교에 드위즈(Dwij)라는 단어가 있다. 그 의미는 두 번 태어난 사람, 스스로 아버지가 된 사람이란 뜻이다. 깨달음 이후에 해탈[2]을 체험하게 되면 죽음이라는 것은 존재하지 않으며, 새로운 삶이 시작되는 체험을 '몸'으로 알게 된다(두뇌로 이해하는 것이 아니라).

대중들이 섹스(Sex)의 절정인 오르가즘 속에서 몸이 사라지는 전기적 에너지 상태를 경험함으로써 일시적으로 에고가 사라지는 - 사념이 정지하는 - 체험을 하지만, 깨달음 이후의 과정에서 해탈을 경험한 붓다들은 '깨달음의 상실'의 단계를 체험해야만 스승의 자격을 갖추게 되는 것이다.

9) 지장보살(地藏菩薩)

깨달음의 마지막(?) 단계에 이르면 노자가 언급한 화이기광(和其光), 동이기진(同而其塵), 붓다가 언급한 색즉시공(色卽是空), 공즉시색(空卽是色), 선가에서 언급한 지장보살의 의미가 몸으로, 존재 전체로 체득된다. 깨달은 자가 여기까지 이르러야만 노자가 언급한 무위자연(無爲自然), 상선약수(上善若水)의 진정한 의미를 체득하게 된다.

---

2. 의식체가 육체에서 벗어나 있는 상태

3. 스승과 세상

1) 동일한 메시지

모든 신비가들과 붓다들, 스승들에 의해 전해지는 가르침의 정수는 수천 년 전이던 현대 시대와 관계없이 동일한 내용을 설파하고 있다. 그대가 무릎을 '탁' 치는 자각이 일어나려면 그대 또한 깨달아야만 한다. 지식이 신성으로 변형되고 당신의 에고가 스승으로 혁명되지 않는다면, 붓다들이 자신의 선혈(鮮血)로 찍어서 기록한 경전들은 그저 휴지조각에 불과한 것이다. 만약 그대가 스승이 된다면 그 경전들을 해우소(解優所)의 밑 닦기로 사용할 수도 있고, 이 시대에 맞는 해석으로 생명의 입김을 불어넣을 수도 있을 것이다.

2) 염원

스승은 자신의 체험에 대한 진리의 표현을 대중들이 이해해줄 것인가에 대해 무관심하다. 대중들은 진리에 대해 관심도 없고, 체험한다는 것은 전혀 불가능하다는 것을 너무나 잘 알기 때문이다. 스승은 진솔하고 진지한 수행자들이 아닌 일반 대중들에 대해 관심이나 에너지를 사용하려 하지 않는다.

스승은 자신이 어떤 존재임을 알리는 것, 즉 자신이 누구인지를 드러내고 증명하려는 어리석음을 범할 수가 없다. 그가 침묵을 지키든 설법을 하든 지복, 고요 속에 무심(無心)으로 존재하지만 대중들의 아픔을 공감하며 고통스러워한다.

대중들은 스승의 지복과 고통의 양면성을 절대로 알 수 없다. 스승은 등반의 고된 여정과 정상에서의 환희 그리고 그 모든 것을 포기하고 하산하여 산 초입에서 음주가무(飮酒歌舞)하고 있는 대중들에게 복음을 전하는 것이다. 대중들은 관심조차 없고, 알고 싶어 하지도 않을뿐더러 스승의 복음은 그저 우이독경(牛耳讀經)일 뿐이지만, 그런 절망적인 상황에서도 단 한 명의 진솔한 제자를 발견하기 위해 그는 모든 노력을 경주한다.

스승의 염원은 청출어람(靑出於藍) 청어람(靑於藍), 빙출어수(氷出於水) 한어수(寒於水)이다.

서울의 예수

정호승

1

예수가 낚싯대를 드리우고 한강에 앉아있다

강변에 모닥불을 피워 놓고 예수가 젖은 옷을 말리고 있다

들풀들이 날마다 인간의 칼에 찔려 쓰러지고

풀의 꽃과 같은 인간의 꽃 한 송이 피었다 지는데

인간이 아름다워지는 것을 보기 위하여

예수가 겨울비에 젖으며 서대문 구치소 담벼락에 기대어 울고 있다

2

술 취한 저녁 지평선 너머로 예수의 긴 그림자가 넘어간다

중략

고통 속에 넘치는 평화 눈물 속에 그리운 자유가 있었을까

중략

사랑의 이슬로 사라지는 사람을 보며
사람들이 모래를 씹으며 잠드는 밤
낙엽들은 떠나기 위하여 서울에 잠시 머물고, 예수는 절망의 끝으로 걸어간다

3

중략

서울이 잠들기 전에 인간의 꿈이 먼저 잠들어 목이 마르다
등불을 들고 걷는 자는 어디 있느냐
서울의 들길은 보이지 않고
밤마다 잿더미에 주저앉아서 겉옷만 찢으며 우는 자여

중략

그리운 사람 다시 그리운 그대들은 나와 함께 술잔을 들라

눈 내리는 서울의 밤하늘 어디에도 내 잠시 머리 둘 곳이 없나니

그대들은 나와 함께 술잔을 들라 어둠 속으로 이 세상 칼끝을 피해 가다가

가슴으로 칼끝에 쓰러진 그대들은 눈 그친 서울 밤의 눈길을 걸어가라

아직 악인의 등불은 꺼지지 않고

서울의 새벽에 귀를 기울이는 고요한 인간의 귀는 풀잎에 젖어

목이 마르다 인간이 잠들기 전에 서울의 꿈이 먼저 잠이 들어 아, 목이
마르다

4

사람의 잔을 마시고 싶다 추억이 아름다운 사람을 만나

소주잔을 나누며 눈물의 빈대떡을 나눠 먹고 싶다

꽃잎 하나 칼처럼 떨어지는 봄날에 풀잎을 스치는 사람의 옷자락 소리를
들으며 마음의 나라보다 사람의 나라에 살고 싶다

새벽마다 사람의 등불이 꺼지지 않도록 서울의 등잔에 홀로 불을 켜고

가난한 사람의 창에 기대어 서울의 그리움을 그리워하고 싶다

5

나를 섬기는 자는 슬프고, 나를 슬퍼하는 자는 슬프다

나를 위하여 기뻐하는 자는 슬프고 나를 위하여 슬퍼하는 자는 더욱 슬
프다

나는 내 이웃을 위하여 괴로워하지 않았고
가난한 자의 별들을 바라보지 않았나니
내 이름을 간절히 부르는 자들은 불행하고
내 이름을 간절히 사랑하는 자들은 더욱 불행하다

3) 고뇌

모든 음료수에 물이 공통적으로 들어가지만, 그 향기와 맛은 각기 다르다. 붓다들도 우주의 정수를 꿰뚫었다는 공통점은 존재하지만 표현 방식은 각자가 달랐다. 깨달으면 다 같은 수준과 경지, 혹은 동일한 상태로 존재할 것이라는 그대의 추측은 어리석음의 소치이다.

진리의 체험은 절대적으로 개인적이며, 진리는 너무나 광대하기 때문에 붓다들조차도 일부만을 체득할 뿐, 깨달음 이후에도 탐구의 여정은 계속된다. 붓다들의 체험을 언어로 표현하는 것은 불가능하지만, 광인과 대화하려면 광인의 언어를 알고 있어야 하는 정신과 의사들처럼 스승은 에고의 모든 것을 파악하고 거기에 자신을 맞추어야 한다.

스승들의 경험이 깊으면 깊을수록, 그 체험의 전달 가능성은 더욱 희박해지지만, 깨닫기보다는 100배(?)더 어려운, 진리를 전달하기 위해서 스승들은 온갖 방편과 방법을 고안해 내야만 한다. 비파사나, 탄트라, 선과 같은 전통적인 방법들을 사용할 뿐만 아니라 이 시대가 요구하는 수행과 명상의 방법들을 고안해 내려고 고심한다.

4) 대비

숫타니파아타(Suttanipāta), 법구경, 금강경, 반야심경 등 붓다의 설법이 몇 권의 경전으로 전해져 내려옴에도 불구하고, 열반에 이르러 시치미 뚝 떼고 "나는 단 한마디도 하지 않았다."고 선언했다. 수제자인 가섭도 맞장 구를 치면서 "나는 한마디도 듣지 않았다."고 추임새를 넣었다. 모든 스승 들이 그러하듯이 붓다의 설법은 침묵을 전달하기 위해서이며, 그가 육신 으로 이 지구별에 머문 것은 '형상 없음'을 드러내기 위함이었다. 무려 50 년 동안을 그 무겁고 거추장스러운 육신을 돌보며, 오로지 제자들의 성장 과 '스승'의 탄생을 기다리면서.

그대가 지장보살의 경지에 이르는 '뜸'들이는 시간을 갖고 그 과정을 완 전히 통과하지 않는다면, 그대는 스승이 어떤 존재임을 절대로 알 수가 없다.

5) 관계

붓다들[3]은 자기 자신을 즐기기 때문에 타인과의 관계는 점점 더 사라지 고 끝내는 거의 모든 관계가 단절된다(꼭 필요한 비즈니스나 가족관계는 지속되겠지만). 그들은 평범함을 가장하는 것이 아니라, 진정으로 평범하 고 오롯이 제정신으로 자신의 삶 전체를 자각하고 있으며 사회에서 강요, 요구하는 규칙이 아닌 자신의 본성과 자율에 따라 존재계가 이끄는 데로

---

3. 붓다들은 깨달은 존재를 통칭하는 보통명사이고, 붓다는 인도의 불교 창시자인 고타마를 지칭하는 고유명사이다.

흘러간다.

이런 존재가 마치 이상한 이방인 취급을 받는 것은 정말로 희한한 일이 아닐 수 없다. 그런 취급을 과감하게(?) 행하는 대중들은 자신들이 정말로 제정신이 아닌 미치광이라는 것을 절대로 알지 못한다. 싯다르타가 스승이 된 후에 왕인 생부와 부인, 자식을 만날 기회가 있었다. 그들이 어떻게 붓다의 존재 상태를 눈곱만큼이라도 이해할 수 있었겠는가.

4. 스승과 제자

우파니샤드의 한 구절 : "최소한 스승과 1년 이상 살아보지 않은 제자에게는 절대로 가르치지 말라." – 비인부전(非人不傳)

깨달음 이후에 의식체가 몸 바깥에 머물게 되는 해탈의 경우에도 의식체는 몸과 일정하게 연관성을 유지한다. 그 후에 의식체가 더 이상 육체와의 관계를 유지시킬 필요를 느끼지 못하고 육신을 벗어나는 것이 열반(涅槃)이다.

육신의 죽음은 궁극과의 합일이며, 전체와의 융합이고, 무(無)에 용해되는 것이다. 그는 더 이상 육신으로 환생하지 않으며, 물질계를 떠나게 된다. 그런 재회귀(再回歸)의 과정이 없기 때문에 스승은 육신을 벗기 전에 자신의 모든 것을 제자들에게 쏟아 붓는 최후의 노력을 경주하는 것이다. "태양이 있을 때 등불을 켤 준비를 해야 한다."는 것을 너무나 잘 알고 있기 때문에 스승이 망치를 사용하여 제자들의 머리를 부수어 버리고자 하는 것은 자비의 극점을 보여준다. 그가 터득한 최고의 경지인 창천(蒼天)을, 거친 대지에 급시우(急時雨)로 하강시킨다. 갈라진 대지에…….

　스승은 자신의 육신도 불편한 짐이라고 느끼고, 의식체는 언제든지 육신에서 벗어날 준비가 되어 있으며, 실제로 벗어나려 한다. 자신의 생존욕구 때문이 아닌 제자들에게 도움을 주기 위해 스승은 육신에 머물러 있으려 하고 의식체의 해방을 방지하기 위해서 스스로가 '원의 완성'을 저지한다. 그렇기 때문에 스승도 실수를 하거나 ― 집착, 욕망을 충족시키려는 것처럼 제자들에게는 비춰지겠지만 ― 어리석음을 가끔씩 드러낸다. 제자들은 '스승이 어떻게 저럴 수가 있을까' 하는 의구심이 생기겠지만.

　약산 유엄이 열반이 가까워짐을 느끼자 제자들을 한 걸음 더 내딛게 하려고, 연극을 했다. 선사가 그 절의 대웅전에 앉아서 소리쳤다.

"법당이 무너진다."

　놀란 제자들이 기둥을 잡고 벽을 밀면서 건물이 무너지지 않게 하려고 호들갑을 떨었다. 그때 선사가 일갈했다.

"말귀를 못 알아듣는 군."

누우 떼가 강을 건너는 법

복효근

건기가 닥쳐오자

풀밭을 찾아 수만 마리 누우 떼가
강을 건너기 위해 강둑에 모여섰다

강에는 굶주린 악어 떼가
누우들이 물에 뛰어들기를 기다리고 있었다

그때 나는 화면에서 보았다
발굽으로 강둑을 차던 몇 마리 누우가
저쪽 강둑이 아닌 악어를 향하여 강물에 몸을 잠그는 것을

악어가 강물을 피로 물들이며
누우를 찢어 포식하는 동안
누우떼는 강을 다 건넌다

누군가의 죽음에 빚진 목숨이여, 그래서
누우들은 초식의 수도승처럼 누워서 자지 않고
혀로는 거친 풀을 뜯는가

후략

1) 입문

그대는 모른다. 스승은 전 과정을 체득했다. 그대가 입문한다는 것은 도박이다. 상대방의 패를 볼 수 없는 상황에서 그대의 전 삶을 베팅해야 한다. 올인(All In)은 항상 망설임과 두려움을 동반한다. 그대의 패는 스승에게 모두 간파당하였다. 그대가 숨기려고 하는 몇 장의 카드는 이미 다 알려져 있는 것이다. 그러나 그대는 스승이 어떤 카드를 얼마나 많이 숨기고 있는지 전혀 알지 못한다.

스승은 그대에게 점차적으로 한 장씩 카드를 보여주고 싶어 한다. 그대가 준비되면……. 입문의 준비가 안 되었다면 단 한 장의 카드도 볼 수 없다. 뛰어들던가, 포기하던가. 욕망을 충분히 충족시켜라. 그 후 비워내라. 그러면 '귀의(歸依)'가 저절로 일어날 것이다. 의지가 아닌.

2) 소진(消盡)

수치로 표시할 수는 없지만 깨닫기 위해서 100의 에너지가 필요하다고 가정한다면, 그 에너지를 짧은 시간에 모조리 투자하는 것과 오랜 시간 꾸준히(?) 조금씩 투여하는 것과 동일한 결과물이 드러날까. 예를 들면 1년에 100의 에너지를 투자하는 것과 10년에 걸쳐 10의 에너지를 투자하는 것은 산술상 $1 \times 100 = 10 \times 10$이라는 동일한 결과가 나타나겠지만, 수행의 장에서는 전혀 다른 양상으로 나타난다.

그 에너지 전체를 단 하루에 소진시킬 정도로 집중해서 자신을 태워버린다면 그대는 분명 각자로 재탄생하겠지만, 10년에 걸쳐 꾸준하게(?) 일정

량을 투자한다면 자칫 나태와 연기, 매너리즘과 자신이 수행을 계속하고 있다는 자기합리화를 만들어 내는 어리석음을 저지르게 될 것이다. 그대가 갈증, 굶주림, 갈망이 일어나지 않거나 부족하다면 스승의 도움은 한계가 있고, 그 무엇이 일어날 가능성은 없다. 스승의 가르침의 역할도 중요하지만, 보다 핵심적인 요점은 수행자 스스로가 사막에서 오아시스를 찾으려는 심각한 갈증의 욕구가 선행되어야 하는 것이다.

3) 행위자 없음

유능하고 노련한 의사는 환자의 병세를 정확하게 진단하고 그 원인이 무엇인지 명확하게 알아 낸 후 심리적 혹은 약물, 마지막으로 수술의 치료방법을 결정한다. 스승은 빠르고 정확하게 제자를 꿰뚫어보고, 잠시의 머뭇거림 없이 제자를 제접(提接)한다. 느닷없는 마른하늘의 날벼락과 같이 도(道)가 그를 통해 그저 통과해 가는 것이다. 그는 어떤 의도나 계획없이 그 상황에서 가장 적절한 행위를 하는 의도가 없는 무위(無爲)의 '행(行)'이 일어날 뿐이다. 그저 행위가 일어날 뿐, 행위자는 없다.

'구음 시나위' : 김소희
※ 참고 : 여기서 가객(歌客)의 소리를 찾아 한 번 들어보는 게 좋을 듯하다.

4) 부정

진리는 표현될 수 없기 때문에 스승은 에고가 저지르는 어리석음을 지적하면서 무엇이 진리가 아닌 것인지를 일러줄 수밖에 없다. 부정의 방법은 최고의 가르침 중의 하나이며 에고의 희망과 미래, 예측 등을 모조리 파괴, 제거하려는 의도이다.

정상에 이르는 골짜기와 능선의 모든 루트를 섭렵한 스승들은 붓다처럼 거의 모두가 부정의 방법을 채택하였고, 환희, 지복, 경이보다는 고통과 절망, 자살 등과 같은 극단적인 카드를 제시하였다. 이런 카드를 제시하는 카지노에는 도박사들이 거의 출입하지 않는다는 것을 너무나 잘 알고 있으면서도······.

붓다가 언급한 "존재하는 일체 만물이 고(苦)다. 그러니 사라지는 것이 고(苦)에서 벗어날 수 있는 유일한 방법이다."라는 간판을 내걸면 어떤 도박사가 그 카지노에 찾아오겠는가. 모든 도박사들은 그 도박장을 피하고 입장조차 시도하지 못할 것이다. 그래서 스승들은 미끼(?)를 던지는 호객 행위를 할 수밖에 없는 천박한(?) 매춘부의 역할도 마다하지 않는다. '있는 그대로가 진리이다', '아무것도 하지 말고 쉬어라', '그대는 이미 붓다이다' 등등.

기존의 거대 종교의 고결한(?) 성직자와 호객행위를 하는 매춘부를 가장한 스승의 볼만한 빅 매치(Big Match)는 항상 존재해왔다.

5) 촉매자(觸媒者)

선생만 있고 스승은 없는 시대라고들 한다. 뒤집어보면 학생만 있고 제자는 없다. 모든 관계 중에 가장 위대한 것은 스승과 제자의 연결이지만, 이제 그런 관계는 거의 사라져 버렸다.

스승은 직접적인 어떤 자극으로 제자를 변화시키는 것이 아니다. 역설적이게도 진정한 스승은 아무것도 하지 않는다. 그의 현존이 상황 자체를 만들어가고 존재계 전체가 그를 통하여 진리를 드러내게 되면, 그런 분위기가 제자에게 가랑비에 옷 젖듯이 스며들게 되는 것이다.

스승은 그대의 병에 대해서 정확하게 진단하고 종지부를 찍는 것에 관심이 있지, 그 증상을 호전시키는 치료법에는 별 관심이 없다. 그대가 만들어 내는 사슬을 끊는 것을 도와주는 것이 아니라, 그대가 사슬을 만들어 내고 있는 주체(에고)를 자각하게 하고, 스스로 그것을 제거하고, 다시는 그런 사슬을 만들어 내지 않도록 도와줄 뿐이다. 스승은 그대가 에고에 의해 미신에 홀려 있음을 지적해주고 스스로 그 미신과 에고를 제거하도록 독려할 뿐이다.

스승의 가르침이나 대중 설법을 들을 때 그대는 외부에서 빌려온 기존의 지식과 정보, 가치관이라는 프리즘을 통하여 해석하고 평가, 판단을 즉시 하면서 — 이것이 에고의 개입이다. 그러나 그 시간은 너무나 순식간이기 때문에 그대는 그것을 눈치 채지 못한다. — 자신의 입맛에 맞게 왜곡하여 듣는다. 수행에서 있는 그대로 듣는다는 것은 매우 어려운 일들 중의 하나일 뿐만 아니라, 초기 수행자들에게는 불가능한 것이다. 스승의 법문을 듣되, 그 말보다는 스승의 존재 그 자체를 마셔라. 듣기보다는 그에게 그대의 가슴을 활짝 열고 그가 스며들도록 하라.

붓다가 일갈했다.

"오라. 그리고 보라. 나를 믿지 말고 나와 함께 하라."

수행자는 스승이 어떤 존재인지 정말로 알 수 없고, 막연하게 대단한 사람 또는 자비롭거나 거친, 무섭고 어려운 존재로만 인식할 수 있을 뿐이다. 수행자들은 스승에게서 무엇인가를 배우려하고, 배울 수 있다고 생각하지만, '체험'은 배우거나 가르쳐질 수 있는 것이 아니라는 것을 알게 되는 것은 수행이 한창 진행되어 구도자의 단계로 넘어가야 인식할 수 있다.

스승은 그대에게 답을 줄 수 없다. 왜냐하면 그대가 준비되지 않은 상태에서 앞서는 대답은 그대를 혼란시킬 뿐이고, 그대가 성숙하게 되면 그 해답을 스스로 알게 되기 때문이다. 그러므로 스승은 아무것도 하는 것이 없는 존재자일 뿐이니 그에게 어떤 해답을 요구하지 말라.

6) 제자

그대가 감옥 속에 있는 죄수임을 자각해야 이 여행은 시작된다. 스승은 탈옥에 성공한 존재이며, 그대가 탈옥의 갈망이 있음을 확인하게 되면 그 방법을 일러주는 사람일 뿐이다. 스승은 그 감옥의 구조와 허술한 곳뿐만 아니라 탈옥의 여러 가지 방법을 훤히 꿰뚫고 있어서 그대에게 가장 적합한 방법을, 가장 적절한 시기에, 가장 적은 에너지로 가장 큰 효과를 이루어낼 수 있게 조언을 해주는 안내자일 뿐이다. 탈옥은 전적으로 그대의 몫이다.

스스로 하심(下心)과 탐구의 태도를 갖추고 제자로서의 '자세'가 준비되면 스승은 그를 알아본다. 제자가 자세를 갖추면 자연스럽게 스승의 가르침이 스며들고, 핵심을 파악하게 된 제자는 자신이 안고 있는 우문(愚問)과 문제를 해결할 수 있는 호연지기가 생겨나게 된다. 가장 큰 성장은 그대가 스승이 되는 것이 아니고, 가장 훌륭한 제자로서 모든 과정을 충실하게 지나왔을 때 이루어지는 것이다.

성숙한 제자들은 '존재'에 관심을 가지며 신성(神性)을 '직접 체험'하고자 하는 자들이다. 간과하기 쉬운 것은 구도자들조차도 스승의 가르침을 기억하고 간직하려 한다는 것인데, 그 핵심은 말이나 가르침이 아닌 그의 현존과 더불어 존재하면서 말과 말 사이의 침묵에서 뿜어져 나오는 스승의 라티한(Lathihan)[4]에 흠뻑 빠져야 한다는 것이다.

7) 준비된 이별

스승은, 입문을 허락한 제자들에게는 조건 없는 사랑을 베풀어(?)준다. 스승은 존재 전체가 자신에게 제공하는 환희와 축복을 제자들에게 전해 주고 싶어 한다. 스승은 절대로 제자를 배신하지 않는다. 다만 '파문(破門)'이 있을 뿐이다.

스승의 현존과 말에는 피안의 향기와 자석과 같은 흡인력으로 수행자들을 블랙홀처럼 빨아들이는 강력하고 온유한 카리스마가 있다. 스승은 자신의 '관점'이 완벽하게 사라졌기 때문에 먼지 하나 없는 거울처럼 상대방에 대해 전체적으로 파악할 수 있고, 즉각적으로 제자의 상태를 찔러주는 직지인심(直指人心)의 장창(長槍)을 갖고 있다. 스승의 지적은 너무나 정확하고 한 치의 어긋남이 없이 제자의 심장에 비수가 되어 꽂히기 때문에, 그런 경험에 익숙하지 않은 수행자들은 심한 고통을 느끼게 되고, 맷집이 약한 제자들은 그 고통을 스스로 추스르려고 애써보다가 그 한계를 넘지 못하고 떠나게 되는 것이다.

---

4. 스승으로부터 뿜어져 나오는 본질적인 생명 에너지

스승은 제자가 가야 할 곳뿐만 아니라, 그 주변 지역까지 보여주는 지도를 명확하게 파악하고 있고, 더불어 그 지도를 3차원적으로 입체화할 수 있는 체험을 했기 때문에 수행자들에게 최상의 방법을 제공한다. 하지만 제자는 목전에서 자신이 모욕당했다고만 생각하게 되면 떠날 수밖에 없는 것이다. 스승의 자비를 견디지 못하면 결국 보따리를 싼다. 은밀하게. 스승은 그런 태도를 이미 간파하고 있으면서도 내색하지 않고, 간접적으로 '떠남'을 만류할 뿐 제자의 면전에서 직접적으로 "가지 말라."고 하지는 못한다. 스승은 안타깝게 생각하지만 제자가 적당한 시기에 이르지 못하였고, 자신과의 인연은 여기까지이며, 만류해도 안 되는 것을 잘 알기 때문에 어쩔 수 없이 떠나 보내주는 것이다.

수행자의 관점이 행위에서 존재로 이전되고, 존재에서 비(非)존재로 사라지는 것으로 변형되지 않는다면, 그 제자는 스승을 피하려고 항상 떠날 생각을 할 수밖에 없다. 다른 곳에 가면 더 좋은, 자신에게 더 잘 맞는 스승이 있을 거라는 망상을 하면서······.

어느 중이 조주에게 하직하러 왔다.

"어디로 가는가?"

"설봉 대사한테 갑니다."

"설봉 대사가 만약에 너를 보고, 내가 무슨 말을 하더냐고 묻는다면, 너는 무어라고 대답하겠는가?"

"모르겠습니다. 화상께서 대답해 주십시오."

"겨울에는 춥다고 하고, 여름에는 덥다고만 하여라."

스승조차도 그대에게 그 어떤 것도 강요할 수 없다는 것이 철칙이다. 스승은 그대에게 권유와 조언만을 할 수 있을 뿐이며, 강제와 강요는 상상조차 할 수 없다. 그대가 조언과 권유를 거부하고, 심지어 부인하고 배신할지라도 스승은 그것에 반(反)한 어떠한 제지도 하지 않는다. 자석에 이끌리듯 스승에게 다가가지 않는다면 그 제자는 언젠가 스승에게 등을 돌리고 떠날 것이다.

8) 깨달음 이후

깨달음이 드러나야지만 인간은 자신이 왜 육신으로 이곳에 왔는지 비로소 자각하게 된다. 자신의 잠재성을 깨우치고 실현하는 것이 그대의 운명이며, 그 외에는 어떤 행위도 시간과 에너지 낭비이며, 삶을 불필요하게 소진시키고 있는 것이라는 것을 자각하게 된다. 그 후에 스승의 자격을 갖추어야 대중들이 왜 미혹한지, 왜 미망에서 못 벗어나는지 또 그 어리석음에서 벗어나는 방법을 일러주어도 그 가르침을 무시하거나 외면하고, 심지어 반발하고 스승에게 위해를 가하려하는지를 알게 된다. 에고의 운명은 어쩔 수 없고, 스승의 숙명 또한 정해져 있다.

깨닫게 되더라도 스승 곁에 머물라. 그대가 스승을 공경하고 시봉하는 것을 멈추지 말라. 밥을 뜸들이듯이 그 과정을 통해 그대가 더욱 성숙되고 스승으로서의 준비과정을 거치면서 대중들에게 '생명의 물'을 나누어 줄 수 있는 것이고, 지장보살의 의미를 체득하게 되는 것이다.

스승은 헌신과 오랜 기다림으로 그대를 깨달음으로 이끌어 주었다. 그렇지만 스승은 그대의 도움이 필요하지 않다. 그 빚을 어떻게 갚을 것인가.

그 빚을 갚는 단 하나의 방법은 그대가 대중들을 구제하는 것이다.

개인적인 깨달음은 공부의 시작이다. 그대의 깨달음이 스승에 의해 더욱 숙성되고 대중들과의 부딪힘 속에서 성숙될 때, 개인적인 깨달음에서 대중적 차원으로의 전환이 이루어지는 것이다. 깨달음으로 그치는 것이 아니라, 그대도 스승이 되어서 그대보다 더 뛰어난 스승을 길러내야만, 그대가 스승으로부터 받은 그 '헤아릴 수 없는' 큰 은혜를 갚게 되는 것이다.

9) 가짜 스승들

세상에서 설치고 있는 가짜 스승들의 특징은, 첫 번째 궁극적인 진리에 대하여 모든 것을 알고 있는 것처럼 장광설(長廣舌)을 늘어놓는다는 것이다. 두 번째는 자신이 얼마나 대단한 수행을 하였고, 영성적으로 일반인들이 상상조차 할 수 없는 높은 수준의 존재인 것을 노골적으로 드러내며 자랑한다. 세 번째는 자신이 각고(?)의 노력 끝에 개발한 수행법으로 정진하면 빠른 시간 내에 높은 수준으로 성장할 수 있다고 유혹한다. 이에 상응(?)하는 상식수준을 넘어서는 물질적, 금전적 요구와 자신을 따르라는 주문이 이어진다. 또한 자신을 추종하는 세력과 조직의 방대함과 다양한 활동에 대하여 늘어놓는다.

이런 여러 가지 특징들은 서로 연관되어 있기 때문에, 하나의 양태가 드러나면 낙동강 오리알처럼 줄줄이 이어지기 마련이다. 일반인들이 가장 속기 쉬운 부분은, 특이한 경험을 소개하거나 상식적으로 이해되지 않는 능력(?)을 보여줌으로써 자신이 영적으로 대단한 스승이라는 것을 과시한다는 것이다. 이런 특별한(?) 능력을 지닌 사람이 바로 '사이비 스승'이다.

진실에는 적이 많고, 거짓에는 동료가 많은 법이다. 조심하고 잘 지켜봐야 한다.

결론

　인간은 자신의 생존과 자손의 번식을 최우선 목표로 하는 안전에 대한 본능적인 욕망을 가지고 있다. 그것이 충족되면 생활의 안정을 위해 노력한다. 거의 대부분의 인류가 이 수준에 머물러 있다. 소수에 해당되는 이른바 지식인들도 지성적인 한계를 넘어서지 못하고 있다.

　지성의 한계를 인식한 극소수의 사람들만이 사회 혹은 자신에 대한 불만을, 자신의 문제에 대한 의문으로 방향을 전환하게 되면 비로소 이 여행은 시작되는 것이다. 예전의 삶과는 반대되는 방향으로 전개되는 수행의 길은 막대한 에너지와 알고자 하는 미친 듯한 열정, 노력과 인내, 기다림으로 점철되는 고단한 여정이지만, 그 모든 노력의 결과로 '영혼의 어두운 밤'을 통과한 수행자는 속세의 삶이 절대로 제공해 줄 수 없는 깊은 심리적 평화와 은총, 지복을 누리는 달콤한(?) 경험을 하게 된다. 이런 경험은 너무나 감미로워서 오랫동안 머물고 싶다는 유혹을 받지만 전쟁터로 행하는 전사처럼 떨치고 나서야만 한다.

　자살 직전의 고통 속에서 그대의 모든 에너지를 집중하여 은산철벽으로 가능한 한 최고의 속도로 달려가 부딪쳐라. 그리하여 그대가 산화하게 되면 깨달음이 드러나는 것이다. 그대는 이제 집에 도착하였다. 그렇다고 이 여행이 끝난 것은 아니다. 휴식을 취하라. 그러면 많은 변화들이 발생할 것이다. 그런 과정을 묵묵히 즐겨라.

그 변화가 끝나면 그대가 에고에서 출발하여 수행자, 구도자의 과정을 거쳐 지혜의 완성과 깨달은 자, 지장보살을 경유하여 마침내 스승에 이르는 지난한 대장정의 길을 미소 띠며 회상하게 될 것이다.

한 줄로 요약하면 몸과 지성, 에고 확인, 잠재의식, 무의식, 깨달음, 해탈, 열반 그 이후 다른 차원으로 이동. 이것이 모든 인간이 반드시 거쳐야 하는 과정이다.

빈센트(Vincent) : 돈 맥클린(Don Mclean)
※ 참고 : 여기서 가객(歌客)의 소리를 찾아 한 번 들어보는 게 좋을 듯하다.

* 추신 : 재미없는 이 책을 끈기 있게 읽으신 독자들은 지성인으로 남아있을 것
   인지, 아니면 속는 셈치고 수행의 길로 들어설 것인지……. 결정은 오롯이 그
   대의 몫이다.